受容から創造へ

文学・芸術に導かれて

牛場暁夫

作品社

はじめに　活発な読者として

学生時代から私は好きな本を何度も手に取っては、メモなども作り読後感想などを同人誌などに書きちらしてきた。定年後も折を見ては関連する書籍に目を通し続け、新たな知見も得てきた。しかし、私は次第に自分なりに考察したことを文章にまとめてみようと思うようになった。どうやら、私はおとなしく本から得た知識を蓄積しておくだけでは満足できない質のようなのだ。従順な学業学習者ではなく、むしろ知識と対話を重ねては自分の意見を表現する、モノ言う読者のようなのだ。

いわゆる名作や高度に専門化した知識にしても、それを権威あるものとして無批判に学び取るだけで、その分野に限定されるものとしてそのまま対象化させておくだけでは十分ではない。受容したものをただ蓄積させておくのは、あまり私の性に合わない。出版当時の作者の姿や心情をただ再現するだけでも満足できない。名作や知識であっても、それをあれこれ何度も反芻しては多角度から再検討し刺激を受けるのが好きなのだ。批判精神というフィルターにかけ、それに反応するものを見つけ出し、そこから自らの糧になるもの、血となり肉となるものを貪欲に引き出そうと試みてみたい。

名作や知識と対話を繰り返すうちに、次第に名作独自の声のようなものを自分なりに聞き取ることができるようになった。作者の存在の根源から発せられる声と読者の私が交わした対話から、一定の納得できるなにかを引き出すことができたら、それを表現しようと私は思うようになった。その対話から、ものの見方を豊かにしてくれるものを引き出すことができたら、それを活発な読者が実際に経験した成果として表現してみようと思うようになった。

現在刊行されるいわゆる文芸書の、とりわけ受け止め方に若干物足りなさをおぼえていたこともあり、私は自分なりの感想を書き表そうと思うようになった。小説や解説書や翻訳書はしきりに出版されるし、文芸をめぐる状況は賑やかにも思わる。しかし、読者による作品の受け止め方のほうは全般的にややおとなしいように感じていた。

作品は生きた総体なのだから、時間をかけて微視や巨視も使い多面的に深く読み込み、つき合うことが必要である。当然、作品のある一面だけを断片的に切り取り、それが全体の中ではたす役割や意味を問わずにその当該箇所だけの分析や注釈に終始するだけでは不十分だ。また、作品を賛美するあまり読者として持つべき独自の批判精神を示すことなく、結局は作者に直接自己同一化し、作品をそのまま享受し鑑賞するだけに終始する向きも見受けられる。あるいは作品の「言い換え」でしかないパラフレーズに走る向きも……。杞憂に終わればよいのだが、書物とのつき合い方がやや一面的なものになっているように感じる。

狭い専門分野に沈潜し、登場人物構築のためにヒントになったモデル探しだけに没頭するあまり、そのモデルが作品全体の理解をいかに深めるかという肝心な問いかけが感じられない読書も行われる。もちろんそこには発見も情報も含まれていて学ぶ点も多々あるし、興味もひかれるが、最後まで登場人物の生きざまそのものへ目を向けず、存在の根源的ないとなみに触れようとしないままで終わるのはいかがなものか。作品へ問いかけるときのテーマ設定がやや狭かったり画一的だったりで、したがって立てた問いにたいする答えがすぐに見つかってしまうことも起きる。

柄谷行人だけでなく（「文学の衰微」）、文芸評論家加藤典洋も、日本の社会や文芸全般において、一九九〇年代以降ある「萎縮」が起きていて、大きな問いを発しようとしても

「足がすくみ」「空転する」傾向が見られることを指摘している（『小説の未来』）。

「では、お前はいったいどんな読書態度を良しとするのか？」という問いかけが聞こえてくる。

私にとっては、作品は読者を受信一方に追い込むものではなく、読者に呼びかけ、読者を新たな発信行為へと誘うものだ。能動的で主体的な表現行為へと向かわせるものだ。名作にはえてして謎めいた側面があり、未完成の部分も含み、表層の下に分厚く多様な意味を潜めている。評価も揺るぎなく定まってはいない。読者が書物の中に探すべきなのは、プルーストが言うように、揺るがない「結論」でも「真理」そのものでもない。作品からは読者に「手がかり」が提示されるだけなのだ。すぐれた作品はむしろ読者によってさらに開かれるのを待つ入口であり扉なのだ。

性急な読書は、作品に宿る多彩な魅力を無視し、作品を既製の形や公式的見解にすぐに還元し回収してしまう。しかし、表面で起きる出来事だけに注目するのではなく、作品の底から聞こえてくる声に耳を傾ける読者は、共感を抱きながらその声を集音し、それに応えようと努める。作品に潜められている声を即断や忘却から救い出し、主体的に豊かなものへ復元し再現しようとする。

「測鉛を下ろす」という表現がある。船乗りたちは揺れ動く船上にあっても、その下の海中で起きていることを知ろうとして船上から鉛を下ろす。作品の表面上のドラマの下にまで注意を向け、そこに何が潜んでいるかを探る読書の姿勢には、この測鉛を下ろして深い海中の動きを探る行為に類似する点がある。哲学者ベンヤミンは、『失われた時を求めて』の読書の楽しみを、海に投げ入れた投網を漁師たちが豊かな釣果を予感しながら海中から両手でたぐる時の手のずっしりとした感覚にたとえた。

読者は作品に潜む小さくとも根源的な声を新たに聞きとめ、それを新たな意味の可能性として自分なりに表現する。T・イーグルトンは文学の理論が三段階で変遷をたどってきて、現在では読者がはたす積極的な役割が注目されていることを指摘する。まず、「作者にたいする関心（ロマン主義および十九世紀）」、次に「テクストのみに限定された関心」、そして三段階目に、「ここ数年顕著になった、読者にたいする関心への移行」（『文学とは何か』一九八四）。

プルーストも、若い頃は偶像を崇拝するような見方で作者や作品をあがめた。しかし、活発な反応が呼び醒まされることのないそうした受け身の、審美的な受容態度は次第に変化する。ジョン・ラスキンを自ら仏訳することで、テキストの深みにそれまで以上に分け入ることができるようになり、それは自らのうちにラスキンに対する批判精神も育てることになり、ひいてはラスキンとは異なる自らの文学的立場を見出すことにつながった。ラスキンを敬愛しつつもその審美的態度から距離を取るようになる。翻訳を始めることによってラスキンの発する深い声を探り当て、それに応えてプルーストは独自の立場を表現するようになった。それはさらには自らの創作活動を始める契機にもなった。すぐれた書物は読者にとっては「結論」でもないし「真理」でもなく、読者を「うながし」、読者に「意欲」をもたらす。そうしたすぐれた書物に読者が重要性を付与するのは、作者が読者に「愛を目覚めさせる」からなのだ、とプルーストは続ける（訳者の序文「読書について」）。読書行為が人との出合いのような親密で長く持続する関係性を生むことは確かにあるのだ。

「お前の言うことはわかったような気がする。でも、たとえばお前はどんな作品を思い浮かべて言っているのだ、『失われた時を求めて』以外で」という声が聞こえてくる。

私は次のように答えたい――『失われた時を求めて』以外で思い浮かべるのは、たとえば、歴史、文学、宗教を通底させて思索を展開させた哲学者梅原猛作『中世小説集』だ。高名な学者であった梅原猛は、中世の小説をまず読者として読み込む。この読者梅原は、作者になってペンを執る作者になっても、読者として中世の小説群を深く読みこんだときに受けた印象を忘れない。そのときの印象を基盤として生かしつつ、それを自分なりにさらに展開させて創作する。中世から伝わる作品への新たな独自の意味付与を企てる。いわば、読者＝作者になって読書から得た印象を独自にさらに展開させる。自分の中に共存する両者が協働作業を行い、それは豊かな創作実践へつながる。

たとえば、中世に書かれた原作『山椒大夫』では、最後に母親は安寿と厨子王のふたりの姉弟の名だけを呼ぶ。しかし、梅原版『山椒大夫』（二〇〇二）ではこのふたりの名前に続き、同行する侍女「うわたき」の名前が母によって新たに呼ばれる――「（……）うわたき、恋しや、ほうやれ」。原作『山椒大夫』の凄惨で残忍な悲劇に、原作にないもうひとりの「うわたき」という侍女の名前が呼ばれることによって余白が与えられ、どうしようもないほど張りつめた緊迫感が和らげられている。新たな展開への期待さえ生じようとする。そのことによってわれわれ読者は、それまで残酷な犯行現場に固着していた想像力をのびやかにかき立てることができるようになった。読者としての視点を生かした形で脚色された梅原の改作では、原作では表現されていなかった生への意欲までもが表現されていて、改作は残酷さだけに収斂されることのない風通しの良い傑作に高められている。

私は今後とも受け身の読者ではなく、作者と対話を重ね協働し、作者の根源から発せられる声を聞き出そうとするだろう。そして、発せられる深い声を私の音波探知機がとらえることができ、そしてその声と対話を交わすことが可能になり、私がそれによって主体的で活発な読者になることができたら、そのプロセスを本書において表現しようと思う。

作品に刺激されて活性化する読者の想像力は、狭いジャンル別という断片化にとらわれずに、世界を、また時代をめぐるだろう。そのことで読者の知的好奇心はさらに刺激されることだろう。

「文学作品の意味は、作者の意図で説明しきれるものではない。その作品が、ひとつの文化（……）から、別の文化、あるいは別の歴史的コンテキストへと受け渡されていくとき、作者や作者と同時代の受容者にはおそらく予期すらできなかった新しい意味が、作品から引き出されるかもしれない」（ガダマー『真理と方法』一九六〇）。

スペインの哲学者オルテガ＝イ＝ガセットはこう書いて、古典的な教養がともすれば個人の内省的な内面を陶冶することに重きを置いてきたことを批判的にとらえ、現代では諸分野をつなぐ回路を新たに模索することを勧める――「生は混沌であり、密林であり、紛糾である。人間はその中で迷う。しかし、人間の精神は、この難破、喪失の思いに抗い、密林の中に「通路」を、「道」を見出そうと努力する。（……）その諸理念の総体、ないし体系こそが、言葉の真の意味における文化教養（la cultura）である」（『大学の使命』一九三〇）。

これは精神の旅の勧めだ。実際、この引用文は近代の西欧哲学が実践哲学を軽視する傾向にあったことへの抗議でもあり、実践哲学再興を目指している。一国内だけにとどまることなく、国境を横断し多文化の生活感覚を具体的に知り、それを自らの文化と突き合わせてみる。そうした実践からは柔軟で複眼的な視野が開けるし、そこからは表現の試みも生まれるだろう。

冒頭で私は活発な読者として表現してゆきたいと述べたが、それも引用したオルテガの文に共鳴するからだ。活発な読者としてということは、無批判にひとつの国家に従うだけの臣民（subject）にとどまることではなく、多文化を生きそこで独自の思考を育む世界の市民という意味だ（苅部直『移りゆく教養』）。

実際、ヨーロッパ中世における大学の創設期には、大学生たちはヨーロッパ各地に開講された諸科目を学ぶために長い旅をした。「医学」を学ぶためには遠くイタリアまで足をのばし、「悪魔学」を履修するためにはスペインにまで出かけた。文化の中心がアメリカやヨーロッパの主要都市には限られなくなっている現在では、多くの若者たちが辺境ともされてきた世界各地まで旅するようになったが、彼らの旺盛な知的好奇心は大学創設期において当時の若者たちが抱いた実践をともなう知的好奇心を彷彿とさせる。

ともすれば古典的教養教育においては個人の内面の陶冶が目的とされ、知識はそれぞれ個別に抽象的、かつ概念的に学ばれてきたが、私は外部のマイナー扱いされてきた生活の実用上の知恵とも対話を交わすつもりだ。そうして経験する多様な現実は互いにつながり、大きな時空間が編まれてゆくはずだ。そこからはわれわれ読者を考察に誘うだけでなく、考えたことを表現させ実践させせようとして呼びかけてくる遠くて近い声が聞こえてくるはずだ。

ブログという最新ツールが生まれていた。私のような表現も行いたがる読者にとっては、ブログはまさに渡に舟のツールだ。ブログには、画像や動画や音楽もＱＲコードも貼り付けることが可能だ。文字情報だけに頼らない多彩な表現を試みることもできる。

三年に渡りブログを書いてきた。ブログ記事のテーマは、フランス文学、日本文学、創作、芸術、建築、旅行などで多岐に渡るが、計三十編ほどになった。アクセス数は予想を上回り、三万五千に達し、書籍化を望む声も寄せられるようになった。出版の検討を機に、ブログの内容に手を入れ、新たに「夏目漱石『こころ』子規への返信」を書き下ろし、新たな増補改訂版を編集した。さいわい、作品社が出版を引き受けてくれた。また作品社からは的確なアドバイスをいくつもいただいた。この場を借りて深く感謝したい。また、ブログをアップする際などには、和田恵子さんの協力をあおいだ。記して、感謝したい。

受容から創造へ
——文学・芸術に導かれて——

【目次】

第一章　日本文学

夏目漱石『こころ』子規への返信

子規は重い脊椎カリエスに冒され、東京根岸で長い闘病生活を強いられていた。ロンドンに留学中の同年の心の友漱石に、最後の手紙(明三十四・十一・六)を書き送る。襲ってくる自殺願望と対峙し、俳句では弟子にあたる漱石に手紙を書き、そのことによって懸命に生命の危機を脱しようとしていた。

僕ハモーダメニナッテシマッタ、毎日訳モナク号泣シテ居ルヤウナ次第ダ、(……)
今夜ハツト思ヒツイテ特別ニ手帋《てがみ》ヲカク。(……)君ノ手紙ヲ見テ西洋へ往《いっ》タヤウナ
気ニナツテ愉快デタマラヌ。若《も》シ書ケルナラ僕ノ目ノ明イテイル内ニ今一便ヨコシテ

クレヌカ（無理ナ注文ダガ）。

（……）

僕ハ迚《とて》モ君ニ再会スルコトハ出来ヌト思フ。万一出来タトシテモ其《その》時ハ話モ出来ナクナッテルデアロー。実ハ僕ハ生キテヰルノガ苦シイノダ。（……）

子規の心からの呼びかけだ。なにしろ、子規の病状は差し迫ったものになっていた。背中にも臀部にも穴があいてしまい、膿が流れ出て、子規は激痛に苦しみ続けた。しかし、ロンドンで下宿に閉じ籠もり、「文学論」を構想中で、「根本的に文学とは如何なるものぞと云へる問題」と格闘し、「神経衰弱と狂気」に陥るまでになっていた漱石は、この子規からの最後の、たっての願い――「（倫敦消息を）僕ノ目ノ明イテイル内ニ今一便ヨコシテクレヌカ」――に応じない。ふたりとも極限状態にあった。

漱石と子規との友情は大学時代にまでさかのぼる。ふたりは同じ一八九〇年に文科大学（東京帝国大学文学部）に入学し、俳句の師匠と弟子という関係を軸にしつつも友情を深めてゆく。さらに漱石は子規に影響され漢詩文も作り、漱石の『木屑録』と子規の『七草集』についての相互批評も交わされ、ふたりは文学的親交をさらに深めていった。なお、この『木屑録』は、後述する『こころ』の中で亡き子規への深い哀悼の思いを表現するものとして活用されることになる。また共通の趣味が落語であったことも、ふたりの関係が深まる一助となった。その後、子規は、日清戦争従軍記者として大連・金州へ派遣されて帰国途中に喀血、その後病状は悪化の一途をたどる。漱石は、松山での教員時代、病床の子規を俳句の師匠として弟子入りし、松山での下宿先である愚陀仏庵で子規とふたりだけの句会を開きながら一時は共同生活も送っていた。漱石は松山を離れたあともロンドン留学までの五年間は俳句を作っては、しきりに子規に添削してもらっていた。そうして言葉の力によって、次第に弱ってゆく子規の精神を支え、病を共に生き抜こうとした。漱石流のやさしさの発露だった。

話をもどそう。子規は、漱石がロンドンから送ってくる消息を自分と関係の深い雑誌『ホトトギス』に「漱石」という著者名で載せた。なぜ本名の「夏目金之助」ではなく、名字を持たない「漱石」だけだったのか。その理由を探るには、漱石の誕生から幼少期の境遇を考え合わせる必要がある。漱石は高齢の両親の末っ子として生まれた、金之助と名付けられた、いわゆる「恥かきっ子」であり、幼い頃に夏目家を離れ、古道具屋に里子に出された。さらにその一年後には塩原家に養子に出されるが、ふたりの兄の死により家督相続に危機感を抱いた夏目家は、漱石を後継候補として夏目家に復籍させた。漱石は幼い頃からいくつかの家庭をたらい回しにされ、その都度父親から異なる苗字を背負わされることに違和感をおぼえていたのではないか。こうした違和感が、漱石に自分は夏目金之助という存在だけに固定されてしまうことのない、多様な人格や性格の持ち主であり、自分には多面性が備わっているはずだ、と思わせたとしても不思議ではない。小説の中でも、たとえば『吾輩は猫である』の猫にしてからが、飼い主の苦沙味《くしゃみ》先生に固有の名を付けられるのを嫌がっている。

子規はこのことを慮ってか、漱石が自ら名付けた、ただ「漱石」というだけの筆名を選び、『倫敦消息』の著者名とした。漱石にとってみれば、ようやく自分自身の付けた、苗字のない筆名という名前が、子規によって認知されたと考えたはずだ。

子規からの遺言ともいえる最後の願いに応えずに、今一便の「倫敦消息」を畳の上で心待ちする子規に宛てて書き送らなかったことは、漱石にとって、その後深い悔い――漱石自身説明のつけられない体験――となって生涯漱石の内部に生き続けることになる。しかし、子規の媒介によって雑誌『ホトトギス』に発表され、評判を呼んだ『吾輩は猫である』（明三十八）の「中篇自序」には、上に引用した子規からの最後の書簡全文が引用されているし、さらに子規への「往日の気の毒を五年後の今日に晴さう」という文も記されている。さらに同じ「中篇自序」で漱石は、自分は「とうとう彼（子規）を殺してしまった」とまで書いている。自責の念、配慮の欠如を明らかにしている。しかし、子規に今一便も書くことはできないと判断したときの漱石の精神状態は、良識とか理性では抑制がきかないものだった。漱石は『明暗』でも書いている、「(精神においても)何時どう変るか分らない。そうして其変る所を己は見たのだ」。それは「慄《ぞっ》とする」体験で、「正体の知れないもの」(「坑夫」)だったのだ。そうした過去は時に呪縛ともなって現在に執拗で強い影響を与え続ける。唯一の伝記的小説『道草』(大四)の末尾でも健三はこう言う、「一遍起った事は何時迄も続くのさ。たゞ色々な形に変るから他にも自分にも解らないだの事さ」。

しかし、その後漱石は『吾輩は猫である』を、子規の「霊前に献上」している。やや意外な表現をするが、それは『吾輩は猫である』の「前篇」を書き終えた時点で、漱石はその後の小説の展開に見通しと自信を持ち、その過程でそれが子規からの文学上の影響によるものであることに遅まきながら気づいたのではないか。さらにはそうして導いてくれる子規への感謝や慰撫の気持ちを「中篇自序」に至ってようやく表現したのではないか。

雑誌『ホトトギス』は小説家漱石の誕生の場となった。子規からの最後の願いに応えなかったという痛切なトラウマともなる体験を乗り越え、亡くなった子規に今一便書いて返信しようという気持ちが漱石に芽生える。『吾輩は猫である』には、『ホトトギス』の仲間たちへの言及が少なくないし、『ホトトギス』に発表した『倫敦消息』の諧謔的文体は後の『吾輩は猫である』に通じている。

重篤の子規からの最後の願いに、事後的ではあれ文学実践によって応じようとする願望は、次作の『坊ちゃん』（明三十九）においても、下女の清に子規の役割の一部を演じさせることによってより具体的に実現されることになる。つまり、『坊ちゃん』冒頭では父親は長兄をかわいがり、母親は次兄をひいきにし、大事にされない末っ子の『坊ちゃん』は清だけにほめられ大事にされている。旧士族階級の出身でそのことを自負する子規は、平民出の漱石に士族の生活なども教えることがあったが、清も江戸っ子らしい生き方を坊ちゃんに教えている。坊ちゃんは中学校教員として東京から赴任した四国松山とおぼしい城下町で体験した冒険や失敗を、清にその死後に「手紙」で語る。松山は子規の生地で、下宿先の「元士族」の「婆さん」も、清と同じく、坊ちゃんに「助言」まで口にする。清は下女ではあるが、坊ちゃんの東京の留守宅で意外なまでの厚遇を受けている。小説の最後には、松山から帰郷した坊ちゃんが真っ先に会いに行ったのも、清だったたし、「おれもあまり嬉しかったから、もう田舎にはいかない、東京で清とうちを持つんだ」と言う。その言葉に応えるようにして、死ぬ前日に清は、「坊ちゃんのお寺に埋めてください。お墓の中で坊ちゃんの来るのを楽しみに待って居ります」とまで言う。

まるで実の母親のような清の言動からは、漱石が清の背後に親役としての子規を見ていたことが推察される。つまり、ここで清と坊ちゃんとの疑似親子関係をとりわけ小説の冒頭と巻末に描くことによって、またそれに重ねて子規と自分との情愛が通う関係をほのめかすことによって、漱石は子規宛て『倫敦消息』を遅ればせながら今一便書いたのではないだろうか。小説『坊ちゃん』でも、清の死後になって、約束していたにもかかわらず書かれずじまいなっていた清宛ての松山消息がようやく手紙という形で書かれるという設定になっている。清も他人――ここでは子規――の言動を時に引用するかのようなのだ。登場人物が他の人物を内包していることは、漱石の場合珍しいことではない。

漱石の代表作とも言われる晩年の『こころ』（大二）においても、より複雑で間接的な、しかし原体験に忠実な形で今一便の子規宛て返信が書き込まれている。執筆されることのなかった師匠格の子規への返信をその一部から読み取ることができる。

『こころ』の「中」において、ただ大学を卒業することだけが示される「私」（青年）は、知り合った、同じく謎めいたところのある「先生」に過去を話すことを依頼しておく。ある日、「先生」から最後の手紙、つまり遺書を受け取る。遺書の中で、「先生」は「私」（青年）に秘めてきた自分の人生における大きな出来事を書いて伝える。遺書においては、「先生」は自分に巣くう根深い我執を暴き出し、その他人を排除しようとするエゴイズムによって引き起こされた出来事を告白する。

つまり、『こころ』の「先生」は、かつて下宿先の娘の静に恋をした友人Kにその恋を告白され、動揺する。自分もその静を愛していたのだ。静への恋とKへの友情のあいだで苦悩するが、「先生」は友人Kを出し抜き、Kを裏切る形で先に静との結婚を決めてしまう。打ち明けられたKは絶望し、自殺を遂げる。自分のエゴを優先させることによって他人を深く傷つけてしまい、深い罪の意識をおぼえる「先生」は、自分に自殺という自己処罰を科すことを決断する。

少しずつ、「先生」は実は知識や権威を所有する人物ではなく、東京帝国大学卒にもかかわらず職業にもついていない、「塵に汚れた後」の人物であり、「先生」という言葉で偶像視されるような人物ではないことが明らかにされてゆく。先生という言葉は、本人を同定する名詞というよりも、最後には青年に必死になって呼びかけ応答を求める二人称的な呼称となる。「先輩」ともされていて、青年も鎌倉の海岸でふとしたはずみでその人に「先生」と呼びかけてしまっただけなのだ。

人間が落ち込む根底から切実な声が発せられるとき、「先生」が有する知識とか高い学歴なども直接的には問題にならない。漱石は「先生」を敬意の対象として、また仰ぎ見られる人格者として解釈されないようにするために、あえて「先生」が抱え込む罪の意識を暴き、苦しみ悩む弱者としての「先生」像を打ち出す。「先生」は、青年の精神上の父親でもなくなる。また、「先生」は親友Kにたいして学歴や社会上の立場において密かな優越感を抱き、青年ならば「とても使ふ気にならない」ような「K」という「余所余所《よそよそ》しい頭文字」で彼を呼んでいたが、その意識することなく抱いていた高いプライドも打ち砕かれることになる。知識人の相対化は漱石が体験したことでもあった。伝記的小説『道草』の主人公健三はロンドンから帰国後、「知的並びに倫理的優越者」である自分が「軽蔑の対象である他者と同一の平面に立っているに過ぎない」ことを意識している。

その「先生」が自殺する直前に「私」（青年）に書いた遺書の冒頭からは、死を覚悟した子規がロンドン留学中の漱石に宛てた最後の手紙の切羽詰まった声が聞こえてくる――「（……）あなたは私の過去を絵巻物のように、あなたの前に展開してくれと逼《せま》った。私はその時心のうちで、始めてあなたを尊敬した。（……）私の心臓を立ち割って、温かく流れる血潮を啜ろうとしたからです。その時私はまだ生きていた。死ぬのが厭であった。それで他日を約して、あなたの要求を斥けてしまった。私は今自分で自分の心臓を破って、その血をあなたの顔に浴びせかけようとしているのです」。

叔父に遺産を横領され、人間不信に陥り、故郷も捨てていた「先生」は、「人間というものを、一般に憎む」人物だったが、実は「死ぬ前にたった一人で好いから、他《ひと》を信用して死にたい」という強い願いを最後は抱くようになっていた。しかし、青年は「会ひたい」というその「先生」から受け取った電文――遺書の前に受け取った電報――の真意をまだ見抜くことができない。

先生には親友Kを裏切る形で、Kの愛する女性と結婚し、このためKを自殺に追い込んだ過去があり、このため過剰なまでの罪の意識に押しつぶされて自殺を決意した先生は、青年を当初電報で呼び出し、親友を自殺に追いやったという罪の意識から生まれた自己処罰の考えから、一時であれ逃れて、別の生の可能性を模索したかったのだ。

自分の下宿に住まわせても、ひとりだけの抽象的な世界を作り、恋愛においてもそこから出ようとせず、他人に呼びかける術も持たない親友Kを自殺に追いやった「先生」は、自分に潜む優越感を捨て去り、新たな自分への脱皮を最後に試みようとした。しかし、青年は「先生」のその思いを電報からは読み取ることができない。「先生」からの「会いたい」という電報を、実家で父親の臨終に立ち会う青年ははじめ無視してしまう。

漱石は直接会って口頭で話し合うという場面をここにおいても避けようとしているように思われる。書面で最後の意思を相手に伝え、それが相手からはじめは無視されるものの、のちに確かな反応が得られることになるという、長い時間をかけて展開される場面を採用したがっていると解釈できる。つまり、『坊ちゃん』だけでなく『こころ』においても、漱石はあの子規からの最後の願いが書かれた、遺書ともとれる手紙が、のちに漱石に子規への真の返信の執筆を決意させた展開を基本において再現したがっていると考えられる。

この「先生」の最後の立場は、自殺した親友Kの心情とは異なる。Kは最後に奥さんのことを心配する「先生」とは違い、「たった一人で淋しくって仕方がなくなった結果、急に所決した」。Kは、最後までひとり抽象的な世界に閉じこもり続け、人に呼びかけることをしない。なるほど、自殺決行の晩、Kは隣の部屋に下宿する「先生」を必要として、ふたりの部屋を隔てる襖を少しだけ開けておく。しかし、それが「先生」と自殺決行の直前になって会って話し合いたいというKからの「先生」への合図だとしたら、襖を少しだけ開けておくというKの選択は極めてつたないし、また人に呼びかける力も弱いものだと言わざるをえない。

「先生」の遺書冒頭の強く訴える文面――「私は今自分で自分の心臓を破って、その血をあなたの顔に浴びせかけようとしているのです」――は、この私の漱石論のはじめに引用した子規から漱石に宛てられた最後の訴求力に富む手紙を思い起こさせる。ここにおいても子規からの最後の必死な執筆依頼の懇願に、ロンドン留学中の漱石ははじめ応じようとしなかった。

しかし、『こころ』の「私」（青年）は、「先生」の遺書を自分の「手記」の中で引用してゆく。遺書に反応し、そこに自らの考察も加えるという形で小説は展開されてゆく。だから、遺書は小説においては、それだけが単独で存在し孤立することがなく、ここにおいても書くことが「先生」と「私」の精神上のつながりを再生させる契機となっている。子規から漱石に宛てた最後の手紙も、子規の死後、漱石に筆を執らせて、彼への返信を何度も創作させている。

罪の意識にとらわれる『こころ』の「先生」は――青年と同様「私」という――人を導くすぐれた高潔な知識人としてではなく、また「人といふものを、一般に憎む」プライドの持ち主としてではなく、最後はひとりの弱い人間として、もうひとりの社会的地位を持たない人間である青年――やはり就職先も不明――と向かい合おうとする。ふたりは最後に死を前にして、存在の基底から深い呼びかけを交わし合おうとする。社会における肩書きや地位や学歴などが捨て去られた、いわば裸形の弱者となって、「先生」――「先輩」とされる箇所もある――と青年は向かい合い、創意に富む応答関係を築こうとする。最後は、「先生」は青年の精神上の父親とはもはやいえない。青年も「先生」の遺書をただ読むだけの存在ではなくなっている。

なお、未完の絶筆『明暗』（大五）の末尾でも、見栄っ張りで不仲の津田夫妻は、夫の津田はその社会において成り上がろうとする俗物的野心を捨て、また一方の妻のお延もその虚栄心を捨て去り、ふたりとも弱い者同士に立ち返り向かい合い、精神的更生を模索する。いわば原点に立ち戻ることによって、ふたりは相手を変容させようとするようなやり取りを交わし始め、新たに生活を作り直そうとしている。

はじめは時宜を得ない電報による「先生」からの呼びかけに、『こころ』の青年は反応しない。だが、「先生」の遺書の言葉に青年は「先生」の自殺後になってからようやく自己の内面に深く立ち入りつつ主体的に反応するようになる。亡き「先生」の遺書という手紙と青年がその後に書く「手記」は新しく築かれる応答関係に入る、と漱石は考えたはずだ。「先生」の死後になってふたりが新しく編む関係は、漱石が危機的状況に陥りつつも亡き子規と遅ればせながら築いた関係だったのだ。

漱石は平民の階級出であり、子規の家は旧下級士族であった。前者はロンドンに留学し、先生と呼ばれるようになるが、帝国大学を辞し作家になる。後者は漱石の反対を聞かずに帝国大学を中退し、新聞屋になる。両者のあいだに時に広がる社会における肩書きによる格差を乗り越えて、また病や死が迫る危機的な状況におちいりつつも、しかし深い友愛の表現が事後的に交わされる。ふたりの何も持たない若い頃の状況が作品において再現されようとする。沈黙や死によって分断されるが、文学の応答がふたたび交わされ続けようとするし、それは関係修復の希求でもあったのだ。

「先生」の自殺後、青年が母親も死んでいてひとり残された奥さんのもとに駆けつけ、奥さんの世話をすることが暗示されている。これは子規が自分の死後に残されることになる自身の母親と妹の面倒を暗に漱石に手紙で事前にそれなりに依頼していたからかもしれない（『仰臥漫録』昭十三）。こうした実際上の面においても、漱石は子規の願いの一部に確かに応えていたといえるはずだ（小森陽一『子規と漱石 友情が育んだ写実の近代』）。

また、「先生」は、結婚後罪の意識に押しつぶされるように生きるが、やや唐突な形で、ついに明治の精神に殉死することを決意する。しかし、この時、青年は、「すでに死んだ明治天皇でもなく、まもなく死のうとしている自分と血のつながった父親でもなく、明らかに『先生』を闇の中の『灯』として意識している。『私』（青年）の中の生きる論理、『生命《いのち》』への固執は、国家や家族に自らを回収する父性的なるものではない」（小森陽一『私という〈他者〉性――『心』をめぐるオートクリティック』）。

子規からの最後の願いに応えなかった神経衰弱でもあったイギリス留学中の漱石は、その後に思い直し、「子規の気の毒を晴そう」と『吾輩は猫である』の中に数回書き込む。その後も、『坊ちゃん』や『こころ』において、直接的ではなく断片的な形ではあれ、子規への返信にあたるものを創作という形で繰り返し書き続ける。

『こころ』の青年も自分の「手記」という作品のなかで「先生」の最後の思いをしっかりと受け止め、自らの考察を深めてゆく。青年が行ったことは、漱石が子規の死後、子規からの最後の手紙に対して行ったことでもあるのだ。

こうした私の立論は、上述した『吾輩は猫である』『坊ちゃん』『こころ』の主要登場人物たちの名前にある共通する特徴があることによって補足されると思われる。上記の三作品の主な人物の名前は、列挙すれば、「猫」、「坊ちゃん」、「清」、「先生」、「私」（先生）、「私」（青年）である。彼らには苗字もなく、愛称や通称などのそれらの名前は、その本人の固有性を特定し同定するためではなく、むしろ彼らに呼びかけるための呼称であることが多い。漱石は彼らの名前を呼ぶことによって、さらに誰かを呼び起こそうとしていたのではないか。漱石は彼ら登場人物たちの背後にいるもうひとりの人物――つまり亡き子規――にも呼びかけているように私には思われる。

したがって、漱石の描く人物を、空虚な自我を抱え込む淋しい現代人と断定することにはいささかの躊躇をおぼえる（山崎正和『淋しい人間』）。なるほど、『こころ』を含む後期三部作においては。漱石の人間認識は暗い。しかし、子規に導かれる言葉の力によって、新たな関係性をふたたび築こうとする積極的な側面も描かれているはずだ。たとえその反応が機を逸した遅すぎたものであったとしても、漱石の作品群には、死を前にしてひとり立ちつくすだけでなく、時に近代小説の枠を打ち破るような言葉の新たな表現によって、失われた友愛を再構成しようとするし、向日的で二人称的な人物たちも登場してくるはずなのだ。彼らは、投句と添削が交わされることによって成り立つ、子規を中心とした『ホトトギス』の仲間たちを彷彿とさせるのだ。

漱石は鈴木三重吉の短編を推薦し、『ホトトギス』に載せたが、その鈴木宛て書簡にこう書いている――「一面に於て俳諧的文学に出入すると同時に一面に於て死ぬか生きるか、命のやりとりをする様な（……）烈しい精神で文学をやってみた」（明三十九・十二・十）。漱石と子規は、若く何も持たないときに、この「死ぬか生きるか、命のやりとり」を交わした。その「烈しい精神」は、初期の『吾輩は猫である』や『坊ちゃん』といった作品群にも通奏低音となって響き続けるが、とりわけ晩年の代表作『こころ』において、まさに強い残響となって立ち現れてくるのだ。そこからは子規からの最後の呼びかけに応える真摯な声が聞こえてくる。

谷崎潤一郎　音曲の活用

谷崎潤一郎の作品群ではしばしば母恋いのテーマが展開される。これは評論家江藤淳も指摘することである――「(谷崎潤一郎) 氏の心の底には、幼いうちに母を喪ったと感じさせる深い傷跡が刻印されていたはずである。そうでなければ『母を恋い慕う子』というライト・モチーフが、谷崎氏のほとんどすべての作品に一貫するはずがない」(「谷崎潤一郎」『江藤淳著作集』続2所収)。江藤淳自身、四歳のときに実母廣子を失い、晩年に美しい『幼年時代』を著した母恋いの人であり、晩年に長い谷崎論執筆を準備していただけに、この指摘は鋭い。

抱擁してくれるはずの母親は外出を好み、その不在は常態化し、乳母とふたりで寝る谷崎は悲しみを抱え込んだ。いつしか、母の不在は自分の過ちによって引き起こされるのだと思い込む。悲しみは精神的外傷《トラウマ》となり、刷り込まれた傷を谷崎はマゾヒスティックに受け入れ、その傷はさまざまな形で表現されることになる。実際、谷崎の母は育児を乳母に任せて外出することを好み、彼は神経質でもあった母の帰宅を長く待ちわびる幼年期を送った。

谷崎は関東大震災後、江戸情緒が消えた日本橋を嫌い上方に移住するが、主にその後期の作品において作風は変化し深まる。関西移住後、マゾヒスティックなものへの惑溺から脱し、谷崎は女体を崇拝するような、自己完結した密室を少しずつ押し広げ始める。しかしその傾向は前期においても、例えば小説『母を恋ふる記』（大八）からその一端をうかがうことができる。そこでは母を亡くした「私」の見た夢の話が語られるが、彼は食事の支度をするひとりの老婆に出会い、老婆に「お母さん」と呼びかける。しかし、老婆に「お前は私の息子ではない」と言われて、追い払われてしまう。しかし、道を行くうちに、海の絶景からかつて東京日本橋で乳母に抱かれて聞いたことのある三味線の音が聞こえてくる。三味線を弾くその若く美しい女に近づき、姉を持つことに憧れる少年は、「姉さん」と呼びかける。すると、若い女は実は自分は少年の母だと明かす——「母は喜びに顫える声でかう云った。そうして私をしっかり抱きしめたまゝ立ちすくんだ」。子供を抱きしめる母には妖艶な若い美女が重なっていて、この場面からでも母を性愛の対象としても描く谷崎らしさがうかがえる。ようやく回帰した母の背後には生々しいまでの若い美貌の妖婦、その前ではマゾヒスティックにひざまずくしかない妖婦が潜んでいる。ここからは不在の母の帰宅を待ちわび、不在を喪失と思わざるをえなかった谷崎、不在の母を偶像として思慕し続ける谷崎自身の姿が彷彿としてくる。

しかし、この母子再会の場面で注目したい点は、妖婦と化す母が新内流しの三味線を弾き続けていることだ。七、八歳頃まで羽振りが良く、潤一郎も「乳母日傘で」暮らした谷崎の家は、日本橋の真ん中にあり、その界隈を練り歩く新内流しの二丁の三味線はしばしば家とその周囲に響いた。母子再会の場面で母が弾き続ける三味線は、妖婦ともなる異性の母だけではなく、母を取り巻く当時の賑やかな日本橋界隈も同時に少年に思い出させている。零落する以前の家と震災で瓦解する以前の日本橋という活気に満ちた町を想起させている。新内流しの三味線は、母とふたりきりで閉じこもる密室だけでなく、周囲の家郷ともいえる生活の場も喚起している。なお、ふたり一組の新内流しは、客に請われると町角で艶っぽい話も語った。

谷崎の代表作のひとつ『春琴抄』（昭八）においても、時に矯激になる師匠の春琴が弾く三味線は、弟子の佐助をマゾヒスティックな忍従に追い込むだけではない。性にまつわる秘事や、それを超越する耽美主義の世界よりも、むしろ家の周囲でも交わされる芸事習得の活動を呼び醒ます――大阪道修町の傾き始めた薬種商の娘の琴は、美貌だけでなく三味線と琴の才能にも恵まれていたが、その腕前が世に知られると春琴と改名する。しかし、九歳の時に失明。春琴に献身的に仕え、自らも三味線を自習し始め、手ほどきを乞う丁稚の佐助にたいして春琴はその驕慢さでもって激しい体罰を加える。撥で殴りつけ、「阿呆、何で覚えられへんねん」とののしる。見かねた春琴の両親は佐助を丁稚の任から解き、春琴の三味線の相弟子とみなすことにする。両親はふたりに結婚も勧めるが、春琴はこれを拒絶する。一緒に暮らし始めた佐助によく似た赤子を生むものの、春琴はその子を里子に出してしまう。春琴に執着し、容れられなかった弟子の雑穀屋の利太郎にも激しい稽古をつけ、このため春琴は利太郎にひどく恨まれることになり、顔に熱湯を浴びせかけられ大火傷を負う。春琴の美しかった顔を永遠に脳裏にとどめようと、佐助は自らの手で両目を針で突き、盲目となる。盲人となった佐助はとぎすまされてゆく音感や三味線をつま弾く時の触感を介して、「お師匠様」と繰り返し呼び続ける春琴の音楽がさらに深まってゆくのを感じ取る。ふたりは三味線の音を通して互いを高め合うようになる。春琴は佐助に琴台という号を与え、門弟の稽古すべてを引き継がせる。春琴は作曲の才も発揮するようになる。春琴が作曲した名曲を佐助――いや、春琴によって号を与えられ師匠にも任じられた琴台――は夜中でも三味線をつま弾き、その音に導かれて春琴をさらに深く愛する。

佐助はひたすらマゾ的な姿勢で春琴を偶像としてただ奉じ続けるのではない。春琴もサディスティックな態度で佐助にあたり続けるのではない。彼女は反面、佐助の三味線の上達を導き琴台という新たな師匠としての号を与え、佐助を師匠として世間にも認めさせる。ふたりは三味線を通して相手を、そして弟子たちを教導する役割もになうようになる。激昂して室内で衝動的に行われるサド・マゾの行為だけでなく、芸事の教授や習得のやり取りによって活性化される春琴の家郷の生活ぶりも描かれている。伝承が弟子たちの手によって受けつがれる上方文化の長い時間も土地という空間も広がる。

『春琴抄』にしろ随筆『陰翳礼讃』（昭八）にしろ、充実した創作期の作品を読むと、関東大震災後（大十三）による関東圏崩壊を避けて関西に移り住んだ谷崎は、まだ生活において親しまれていた音曲などに親しむだけでなく自らも弟子となり、それを自らの作品に取り入れ重要な役割を音曲に演じさせるようになった。芸術としてただ鑑賞されて終わるのではない。芸事という、他者とのやり取りで成り立つ日常的な実践面が加えられた作品は、マゾという性の一時の密室内の秘事に限定された狭く自己完結したものではなくなった。

『春琴抄』にも文楽義太夫節三味線の名跡豊沢団平の名前は何度も引用されていて、小説も観念的抽象的なものにはならない。菊原検校も岡本の谷崎邸に通い谷崎に出稽古をつけたが、そうした日々を谷崎は最大限の表現で回顧している――「音楽に対する私の耳を開けて下さった検校の恩は、無限に大きい」。「私が関西に移住して以来のあらゆる出来事は、（……）あのなつかしい生田流の箏曲や地唄と結び着いて」回想されている（『菊原検校生ひ立ちの記』序文　昭十八）。この思い出豊かな生活は、東京での活動前期における生活とは大きく異なる。いわゆる美は、官能の世界を描くことにあったし、この美＝芸術に向かう姿勢は、信仰を思わせる求道的なものであった――「私に取って、第一が藝術、第二が生活であった」（『父となりて』大四）。ここでの谷崎には何人かの大正期の作家のように、人生が芸術を模倣すると書いたオスカー・ワイルドからの影響がうかがわれる。

谷崎にとって大阪の女の声は、「浄瑠璃乃至地唄の三味線のようで（……）其の声の裏に必ず潤いがあり、つやがあり、あたたか味がある。（……）東京の女は女の感じがしないのである」（随筆『私の見た大阪及び大阪人』昭三十二）。三味線は、琴や鼓といった楽器とともに作中に取り入れられ、主に伴奏楽器として使われ、その楽音は登場人物たちの反応を触発し呼び醒ますようになった。

谷崎というと、変態とも言われ、とりわけそのマゾヒズムが着目されることが多いが、性に関する描写は実は詳しいものではない。独自のその母恋いは、意外なほど広い射程に達する。

三味線や、琴や、人形浄瑠璃（『蓼食う虫』昭三）や、初音の鼓（『吉野葛』昭六）の音に誘い出されて、佐助などの人物たちもその楽の音に応えて関心を広げる。三味線や琴や鼓の音を耳にする佐助たちは、それをただ受動的に享受するだけでは満足していない。彼らもそれに触発される形で新たな積極性が自らのうちにきざすのを感じたはずだ。谷崎も幼年期に刷り込まれたトラウマをただ繰り返しなぞるだけではなくなる。密室内での女性とのサド・マゾ的な直接的な接触は、音曲の実践という広がりが介入されることにより、間接的なものになり、のびやかな想像の広がりが獲得されることになった。

代表作の長編小説『細雪』（昭十六－二十三）でも、四女妙子は大阪船場の旧家薪岡家の子女にしては型破りの人物で、赤痢にかかるだけでなく、あちこちで恋愛遍歴を重ね死産も体験するしスキャンダルも引き起こす。しかし、船場の郷土芸術である山村流の地唄舞いを――一度は姉の幸子が口ずさむ口三味線に合わせて――何度か踊るうちに、その舞いに強く惹かれるようになる。その時、土地の流行り歌である地唄を思い出す妙子にも幸子にも、「二十年前の船場の家の記憶が鮮やかに甦って来、なつかしい父母の面影が彷彿として来るのであった」（『細雪』上巻）。妙子は上方の地唄舞いを個人の趣味の域にとどめるのではなく、「名取の免状を貰って」、船場という家郷を盛り立てその文化を継承するために役立てようと決意し、「最も純粋な昔の型を伝える山村流の稽古場」に通うようになる。三味線や地唄や舞いが、妙子に眠っていた意外な一面を覚醒させ、社会性ともいえる自覚をうながす。相変わらず失敗を犯すが、三味線の音に導かれるようにして妙子は新たな活動範囲を発見することになる。雪子の脇役と思われてきた妙子は人形作りにも才能を発揮するし、洋装を学びにフランス行きを計画するような新しいタイプの女性に変容する。この妙子のような現代的なタイプの女性に谷崎は惹かれるようになる。谷崎は『細雪』執筆中に地唄『雪』のレコードを繰り返し聞き、嵯峨や東山を心の故郷として思い浮かべたが（千葉俊二『谷崎潤一郎　性欲と文学』）、この地唄『雪』を小説中巻の冒頭で舞うのは、妙子である。性愛の作品を芸術として密室で崇拝するように書き続けてきた谷崎は、最後に前景化される四女妙子を通して、〈他者〉を生活の場において再発見したのである。

なお、新しいタイプの千萬子は谷崎の義妹の息子の嫁にあたるが、谷崎は彼女についての歌まで詠んでいる――「わたなべの庭の芝生に向日葵の花々揺れて歩むスラックス」（『千萬子抄』昭三十五）。千萬子の足も颯爽と生活の場を歩く足であり、フット・フェティシズムの対象になる足ではなくなっている。

一方、三女雪子の場合、縁談話はようやくまとまるものの、長編小説巻末の下痢騒動の場面からでもうかがえるように、美貌に恵まれ病気知らずでもあった雪子は巻末において健康を害す。婚約相手は、フランスとアメリカに留学しているが相変わらずブラブラしていて定職が決まらない。嫁ぎ先の元貴族御牧家の家運も――四姉妹の実家薪岡家も同様に――戦後に傾き始めることが暗示される。谷崎は、貴族の称号が社会において意味を持たなくなったことを戦後直後に知っていた（野口武彦『谷崎潤一郎論』）。それに、構想された当初は、『細雪』は現行版よりもはるかに社会性に富む作品で、芦屋あたりの上流階級の退廃した生活が描かれるはずだった（「『細雪』を書いたころ」昭三十六）。無口だが病知らずで、見合いを繰り返すがそれなりに安定し、主役とも思われてきた三女雪子と、不安定だった脇役妙子という明暗は、『細雪』の最後になって逆転し、妙子が前景化し照明を浴び、反対に雪子が舞台の奥へ引き込もうとしている。こうした大きな巻末での反転は、小説半ばで姉雪子が口ずさむ口三味線の声（音）にうながされて妙子が踊った舞い――郷土芸術である山村流の舞い――がきっかけとなって引き起こされたともいえるのである。

意外な結末かもしれないし、実際この結末に驚く読者は多い。しかし、長編小説ではこのような展開は起きるのであり、この巻末は『失われた時を求めて』のそれを思い起こさせる。マルセル・プルーストの長篇小説巻末においても、王家とも姻戚関係にある貴族階級筆頭のゲルマント公爵家は急速に傾き、公爵は名誉職も失うし、パリの貴族の街フォーブール＝サンジェルマンから立ち退かざるをえなくなり、マチネ（午後の集い）では人前で老残ぶりもさらす有様となる。主人公が若い時に憧れ、美貌と機知を誇っていた公爵夫人も秘めてきた冷酷さを最後にあらわにし始める。しかし、それとは反対に、田舎町コンブレ出の作家志望の主人公は長く自分探しを繰り返した挙句にようやく創作のヴィジョンを、母親たちからの度重なる呼びかけに応える形で獲得し、創作に取りかかることを決意する。ゲルマント公爵家のサロンはすでにその栄光をかげらせるが、その隣の図書室とも称される小さな控室において主人公は語り手マルセルとして創作を決意する。巻末における残酷でもある光と影の反転。長編小説の場合、細部のエピソードだけではなく、巻頭から巻末に至るまでの大きな展開を俯瞰するもうひとつの大きな目も必要になるはずだ。

上方に根づく音曲によって活性化される家郷を谷崎は作品に取り入れた。三味線の音には母の声だけでなく、生活の現場で交わされる人の声も混じっていた。音曲を生活から切り離し高尚な芸術作品とみなし、そこに自己同一するかのような審美的で内省的な鑑賞の姿勢はここには見られない。三味線を芸術作品として、それを偶像崇拝視するような受動的な受容も書かれなくなった。『瘋癲老人日記』（昭三十七）でも、主人公はもはやオスカー・ワイルドを思わせる美の崇拝者ではない。美の夢どころか老いと病に捕えられた老人である。老人の関心はまろやかで完璧な女体でなくなり、若い颯子の足に向かう。この颯子の足は、フット・フェティシズムの対象にもなるが、彼女はむしろダンシング・チームの踊り子だったのであり、妙子のように踊りの師匠となって社会で活躍する足の持ち主なのだ。

名作とされる『卍』（昭五）や『盲目物語』（昭六）でも音曲こそ使われないが、女性は実はひとりで語っているのではない。女は谷崎とおぼしい人物と関西弁で豊かな会話を交わす。女と谷崎が交わすやり取りからは、音曲でのやり取りを思わせる魅力が感じられる。言文一致体の一人称での語りでもない。私小説特有の一人称叙述によるレアリズムとは大きく異なる、親密感に富む語りが交わされるようになった。『細雪』も、松子夫人をはじめとする親戚が語る船場の生活を谷崎が創作に高めた。聞き語りという口承性が、この長篇小説に、特有の親密感や官能性を与えている。

私小説は大正時代に全盛期を迎えたが、大正十二年の関東大震災後、昭和に入り、時代は新たな表現を求め始めていた（中村光夫『風俗小説論』）。昭和初期に関西に移住した谷崎の後期の作品群は、人びとが求めていたそうした新しい表現の願望に沿うものでもあった。性の官能という領域を表現する芸術家として強烈な自我意識に貫かれていた谷崎も、関西移住後は他者たちによっていとなまれる生活という地域社会性を作品に取り入れることになる。

『細雪』には、昭和初期の阪神間の中流家庭の賑やかな生活ぶりが描かれているだけではない。花見や見合いや洋画鑑賞やピアノのレッスンや病気やホームパーティなどの一見華やかなエピソードが続くだけではない。

日本文学では、『源氏物語』以降、母恋いのテーマはさまざまな作家を表現へ誘ってきた。『潤一郎源氏物語』（昭十四－二十六）の訳者でもある谷崎は、その主題を知悉していたはずだ。しかし、谷崎は母恋いの原型を知りつつも、そこに独自に音曲やその実践を自作に盛り込んだ。従来の舞台を広げ、妙子や颯子や春琴といった現代的な女性たちも幅広く活動させた。そうすることでこの古くからのテーマに社会的な新しい装いを加えた。かつて描かれなかったような母恋いが多彩に繰り広げられることになったのだ。

永井荷風　もうひとつの『断腸亭日乗』

銀座禁燈

永井荷風は、関東大震災後百貨店などが次々と建てられてゆく銀座に興味をおぼえ、しばしば自宅の偏奇館のある麻布から帝都銀座に足を向けるようになる。しかし、永井は酔客が銀座通りで喧嘩をしたり、「酒楼」で乱暴を働いたりする姿を見たりするうちに、『断腸亭日乗』と名付けた日記にこう記すようになる、「銀座は年と共に（……）厭ふべき処となれり」（昭十・七・九）。

新しい盛り場の散歩――銀ブラという新造語はすでに定着していた――を楽しみ、その風俗にも接し、料理屋にも理髪店にもしばしば通ったにもかかわらず、荷風は銀座の賑やかさに違和感をおぼえはじめる。腰にぶら下げたサーベルを鳴らし、乱暴に通行人を怒鳴りつける巡査の権柄づくの態度も小説『濹東綺譚』に描かれる。巡査に呼び止められたときの用心に、荷風は印鑑や戸籍抄本を持ち歩いた。関東大震災後に発布された「国民精神作興ニ関スル詔書」には、すでに震災のことを「享楽に安んずる国民精神の堕落を戒める天罰であった」という立場が打ち出されていた。

そんな頃、日記の欄外に朱筆で「禁燈ノ令出ヅ」と書かれる日が来る。昭和十三年には内務省から出された灯火管制規則が公布されていたから、街は時々暗くなっていたが、その闇はさらに深まってゆく。――「軍部の命令ありて銀座通燈火を滅し商舗戸を閉づ。満月の光皎々として街路を照す。亦奇観なり」（昭九・八・二十四）。軍部がすでに台頭し権力を振るい始めていることが見て取れるが、さらに驚くのは、明かりの消えた銀座を満月の光が照らし出していることだ。永井は、その後も数日に渡って月の光が銀座を明るく照らし出すことをことさらに繰り返し記述する――「既にして明月の昇るを見る」（昭九・二十一）、「幾望の月皎々たり」（九・二十六）。さらには月の出を待ち望む記述も続く。

その前年でもすでに荷風は、銀座の街灯や商店の明かりよりも、街を大きく照らし出す月の光のほうを注目する。十一月末から数日間ほぼ連続して月光をことさらに描くが、十二月二日の日記の末尾に、「月光ます〳〵冴渡りて昼のごとし」と書いたあと、翌日の三日にも触れる、「十六夜の月服部時計店（現・和光、セイコー）の屋根上に照輝きたり。（……）築地明石町の河岸を歩み月を賞す」。次の四日にも、月光が町を大きく「籠む」と表現されている。

銀座の明かりは軍部による禁燈令によってたちまち消されたが、今度は月光が街灯や百貨店の照明に取って代わり、銀座をそれまでとは異なる独自の形で明るく照らし出している。荷風は街に広がった闇と、街に降り注ぐ月光を対比的に書いている。これは軍部や内務省による「暴政」によって強いられた闇に向かっての間接的な抗議であり、また批判なのだ。

実際、荷風は中秋の明月といった月光に深い愛着を抱いていた。夕暮れ時に月光が川面などを照らすと、川面は光に応えるように輝き始める。月光を浴びた家々やその周囲も月光を反映させ、母性を思わせるような新たな姿で浮かび上がってくる。月光が新たな生活の場――現実逃避の幻想でも夢想でもない――を現出させると荷風が想像していたと思わせる記述は多い。

たとえば、荒川放水路の堤を長く歩いた昭和七年一月二十二日の日記――「日は早くも暮れて黄昏の月中空に輝き出でたり、陰暦十二月の夜の十五夜なるべし、（……）円き月の影盃を浮べたるが如くうつりしさま絵にもかゝれぬ眺めなり」。川面に映る月がただ美しいと言っているのではない。それを盃に、さらには絵画にもたとえる荷風は、月に誘われるようにしては生活の場を独自に構成しようとする。この日の日記には、堀切橋から月と川面と四ツ木橋をのぞむスケッチまで添えられている。さらには、同じ堤を歩き、月光と同じ印象を引き起こす夕陽にも見入る、「晩照の影枯蘆の間の水たまりに映ず、風景ますます佳し」(二一・二)。

荷風によるスケッチ 堀切橋から四つ木橋を望む

月光や夕陽が現れることによって引き起こされる、静かでのびやかな場面構成は、戦後の昭和二十一年に千葉県市川に転居し七十九歳で死去するまで、間隔を空けながらも日記の中で行われている。

創作充実期の昭和十二年に『濹東綺譚』や『放水路』とともに刊行された『すみだ川』にしても、主人公の俳諧師は当初こそ銭勘定をして「懐手の大儲け」を思い描きながら、掘割沿いに散策を続ける。しかし、そのうちに竹垣の間から月の光を浴びながら行水を使っている女性——母性的な女性——が目に留まる。また、広がる水田のところどころに咲く蓮の花を見るうちに、主人公は次第に本来の俳諧師としての感受性を取り戻し、古人の俳句の巧さを思い返すようになる。つまり、ここにおいても、月光が照らし出す、官能的で、かつ江戸文化を思わせる生活ぶりは、銭勘定という表通りで実践される現実から切り離されない、いわば地続きの所で展開されている。昭和十二年といえば、日中戦争が起きている。暗く危機的な世相においても、その一角に、月は本来の賑やかな生活の場を静かに照らし出す。

『濹東綺譚』のドブ川のほとりの色街「玉の井」にしても、それは欲望が渦巻く町ではなく、わいざつな界隈は時に月光を浴び、ノスタルジックなまでの不思議な魅力を放つ町に変貌する。お雪にしても、性の対象ではなく、むしろ静かな安らぎを与える女性として描かれる。

一方、銀座の大通りは、厳格な父性の場として描かれているようだ。なお、荷風の母親恒は下町の下谷生まれで、芝居を好み、江戸文化にくわしかったが、父親久一郎のほうは山の手の小石川生まれで、アメリカに留学後官職につくが、最後は日本郵船社に入社した。エリート官僚の天下りだ。久一郎は漢詩人でもあり、息子の荷風もその素養を受け継いだが、父は荷風が「文藝の遊戯」にふけることを好まず、「実用の学」を学ぶようにアメリカ留学を勧めている。なお、荷風は父の忠告に従いアメリカに旅立つが、アメリカ流の物質的側面が追求される生活にはなじめなかった。彼の目的地は、後述するように、フランンスだった。

偏奇館焼亡

格調の高い漢文調の名文として知られる『断腸亭日乗』の白眉は、たしかに昭二十年三月九日の日記だろう。「夜半空襲あり、翌暁四時わが偏奇館焼亡す」。荷風は、小説二、三作の草稿と『断腸亭日乗』を入れてあらかじめ準備しておいた手革包を抱えて逃げる。『断腸亭日乗』をすぐれた作品だと思っていたのだ。あたり一面も火で焼かれる緊迫した夜の記述が長く続く。たしかに、感情に流されない、腰の据わった名文だ。出会った七十八歳の老人と女の子を溜池のほうに導き、火から逃す。スリッパのまま飛び出してきた隣人と言葉は交わすものの、荷風は反対方向にひとり向かい、偏奇舘に立ち戻ろうとする。二十六年間住みなれた自宅が「焼倒るるさまを心の行くがきり眺め飽かさむ」ものとする。自宅には大久保の旧宅から二、三十本もの沈丁花を移し植えてあるし、フランスから持ち帰った多数の蔵書もある。しかし、「黒烟」が渦巻き吹き付けてくるので、「見定ること能はず」。火は三時間でようやく衰えるが、防火用水道水からは水が出ない。「空既に明く夜は明け放れたり」。その直前にはこう書かれている、「下弦の繊月凄然として愛宕山の方に昇るを見る」。

空襲によって起きた惨劇直後に朝陽が昇るが、それ以前にも闇に包まれた現場に「繊月」が「凄然として」昇ってくる。簡潔にその現れ方が描かれるだけだが、朝日と月光には強い力が与えられている。その鋭い光が偏奇館を取り囲み渦巻く黒煙や周囲に点在する焦土に向けて、崩壊や消失を嘆き、それにあらがおうとするかのようにして現場に差し込む。被災に流されまいとする精神の強い光だ。生の場の消滅を見定め、その惨劇に毅然として立ち向かおうとする強い姿勢がうかがわれる。

この焼亡の夜以前にも、崩壊した町を荷風はすでに何度も目撃していた。そのときも、水も来ない悲惨な「滅亡」の現場に立ち向かうかのように、月の光が現れる。近所では警報が何度も響き、砲声も聞こえ、「天地全く死せるが如し」（二・二十二）。そして、「日本軍人内閣の悪政」を嘆く。

しかし、一方では「この世の終わり」とも表現される現場に、「冴渡る」月光が注がれる（一・二十一）。月光は昼よりも明るく雪を照らし（二・二十二）、「月明昼の如し」（二・二十七）であり、その強度は強靭なものだ。「半輪の月」（三・二十）にしろ、「北斗星」（二・十三）にしろ、その光からは大きな喪失に立ち向かう静かな、しかし毅然として屈しない荷風の姿勢がうかがわれる。

焼け出された荷風は、友人を頼って、明石、総社、熱海、そして最後は千葉県市川へと移ってゆく。途中で何度も罹災する。消化器系に持病を抱えていたので、また断腸花という別名を持つ秋海棠が好きだったことから、自らを断腸亭と名付けた荷風は落ち込まない。荷風とともに耽美派作家とも称されることのあった谷崎潤一郎とも連絡が取れた。永井も谷崎も性的本能に突き動かされる人々を描き、新たな創作の可能性を切り拓いたが、当時の官憲は公序良俗を乱すものとして、ふたりの創作をいくつも発売禁止にした。永井の『ふらんす物語』も、谷崎が永井主宰の文芸雑誌『三田文学』に発表した『飈風』までも発売禁止処分になった。ほとんどの作家たちは体制順応の文学報国会に入会したが、荷風はその流れに乗ろうとはしなかった。荷風の自宅の庭先には憲兵が潜み、荷風の動静をうかがうようになった。

自炊のために倒壊家屋の木屑を集め、「生活水も火もなく悲惨の極みに達した」が、荷風には生活を支える根源的な原風景——月光が触媒になって働き、残されていた断片が集められて再構成される生活の場——が根強く息づいていた。それが喪失の現場に現出し、何度も静かに立ち広がる。

六月三日に明石に移るが、淡路島をのぞむ風光が気に入り、マラルメの詩『牧神の午後』を思い出す。夏菊芥子を見ると、背景に海を広げる静物画を思い描いたりする。掘割沿いを何日も歩く——「帆船貨物船輻輳す、崖上に娼家十余軒あり」、「弦歌の声を聞く」

（六・七）。汽船の桟橋を見ていて、「往年見たりし仏国ローン河畔」を思い出す（六・二十）、明石の『船着場黄昏』が、浮世絵の中でもっとも愛好する歌川広重の風景版画を思い出させる。荷風は電車に乗らずに、「月を踏んで客舎にかへる」（六・二十一）。暮れなずむ夕暮れ時の生活の情景を荷風は何日も確かめるように日乗に記述する。「深夜名月の光窓より入りて蚊帳を照しぬ」——どこか、母性のようなものが広がる（八・二十七）。

時に「東都の滅亡」を思い、「暗愁」に沈むものの、荷風はフランス滞在生活と江戸文化に支えられる生活の情景を再構成しようと試みる。フランスの自然にも月が昇る——「この艶めく優しい景色は折から昇る半月の光に、一層の美しさを添え初めた」（『ふらんす物語』明四十二）。

なお、荷風は歌川広重の浮世絵を「手ばなしで」ほめていたし（古屋健三『永井荷風冬との出会い』）、この広重への偏愛ぶりは、荷風の『浮世絵の山水画面と江戸名所』でも確認することができる。広重の『東海道五拾三次』の中の『沼津 黄昏図』などを荷風はとりわけ好んだのではないだろうか。広重のこの黄昏図では、前かがみになって歩く旅人たちによって寂しい雰囲気が前面に広がるが、三枚橋の向こうには満月に照らし出される沼津宿での安らぎが待っている。「宿場の家並みの屋根と白壁が月の光に浮かび上がり、安息の場が近いことを示しています」（『謎解き浮世絵叢書 歌川広重 保永堂版東海道五拾三次』）。この黄昏図は荷風自身による四ツ木橋のスケッチ（四十八頁参照）と類似する構図で描かれている――海へと導くような逆「く」の字型に蛇行する川、その右岸の堤の道、画面奥の正面に架けられた小さな橋、平らな広い平面にたいして直立する、荷風が好んでいた樹木や煙突群、それらすべてを静かに照らし出し集める中央の満月……。

正午戦争停止（欄外墨書）

戦争は終わった。「流浪の身」となって、熱海にたどり着く。しかし、戦後の混乱期においても荷風の日記は変わらない――「夕飯の後月よければ（……）神社の山に登る」（昭二十・八・十八）、「深夜月佳なり」（八・十九）。八月二十二日はほぼ次の記述のみだ――「夜月色清奇なり」。熱海でも荷風は月が湾を照らす光景を見て、「今年の中秋は思ふに良夜なるべし」と書く。

広重「沼津 黄昏図」

荷風はまたフランスの夏の長い夕暮れ時の美しさも繰り返し書いた。たとえば、河原から夕映えにけむるリヨンの街の暮れやらぬ姿を倦むことなく、『ローン河のほとり』などで語り続けた。

逃避とか敗残の姿勢ではない。惨憺たる現実と向き合いつつも、もうひとつの生活を再構成しようと試みている。断腸亭日乗では当時の日本人の生活がローアングルから追われていて、歴史的資料としても貴重なものではある。しかし、同時にここからは戦争へと暴走する軍部と崩壊してゆく社会に対峙しようとする荷風の創意に富む強靭な批判精神が透けて見えてくる。荷風が希求した生活の場を、月光は静かに照らし出し、その場に光彩を添える。

断腸亭日乗はいわば羊皮紙に書かれている。戦争へと、破壊へと突き進む権力が庶民レベルでどう受け止められたかを知ることができる。しかし、その表面の下からもうひとつの層が浮き上がってくる。危機にありつつも荷風が編もうとした独自の生活が立ち広がろうとする。そこには黄昏めいた月の光が差し込む。

作品から感じられるのは、歴史文化の土壌に基づく深い批判精神であり、それはセンチメンタリズムでも一時の情緒的高揚でもない。そこから聞こえてくる抵抗の、抗議の声は小声でもある。しかし、それは直接的なものではないものだけに、かえってわれわれの想像力をかき立て、根強い訴えの力を語り続けている。崩壊してゆくものへ差し入れるようにして、荷風は本来存在するいとなみの場を現出しようとした。月光によって投影されるその生の場は本来存在し続けるものである。『竹取物語』に描かれているように、日本において月は穢れに満ちた地上とは異なり、清らかで精神を高める不死の力に満ちた場でもあるのだ。

『あめりか物語』（明四十一）

荷風のアメリカ・フランス滞在生活は通算するとほぼ五年間に及ぶが、特徴的なことは日本大使館の小間使いや正金銀行行員として気の進まないまま父親久一郎に勧められたアメリカでの生活を送っていた荷風が、滞在三年目を迎えるあたりからその生活の基調を変化させていることだ。アメリカ流の機械文明の繁栄ぶりになじめず、英語嫌いだった荷風はアメリカでカレッジなどに在籍して仏語学習に励み、この頃ボードレール理解を深めはじめている。また、念願のフランス滞在のための資金も溜まり始め、フランスに行く準備が整い始めていた。荷風独自の世界を見出し精神も高揚する。

三年以上続くアメリカ滞在生活が終わる頃になって、『あめりか物語』に月光が恋人とともに頻出するようになるし、ボードレールの詩句も引用されるようになる。「自分は、この年、この夏ほど、毎夜正しく、三日月の一夜一夜に大きくなってゆくのを見定めた事はない。（……）月の光さえなくば、（……）自分は……ロザリンは……二人はかくも軽々しく互いの唇をば接するには至らなかったであろう」。「二人は（……）相抱いたまま月中に立竦《たちすく》んでいたのだ」。

『断腸亭日乗』以前に書かれた『あめりか物語』後半には、恋人ロザリンとともに月の描写が頻出する。これは月の光が若い頃から荷風の存在にいかに深く根差すものであったかを物語っているのだ。

堀辰雄『風立ちぬ』に誤訳はあるか

大野晋・丸谷才一『日本語で一番大事なもの』の中で、丸谷才一は堀辰雄の小説『風立ちぬ』(昭十三)を取り上げて、こう言う――「巻頭にヴァレリーの "Le vent se lève, il faut tenter de vivre." という詩が引いてあります。それが開巻しばらくしたところで、語り手がその文句をつぶやく。そこが『風立ちぬ、いざ生きめやも』となっている。『生きめやも』というのは、生きようか、いや、断じて生きない、死のうということになるわけですね。ところがヴァレリーの詩だと、生きようと努めなければならないというわけですね、つまりこれは結果的には誤訳なんです。『やも』の用法を堀辰雄は知らなかったんでしょう」。それに対して、大野晋も、「『いざ生きめやも』の訳はおっしゃる通りまったくの間違いです」と応じている。

私は両碩学に敬意を抱く者だが、この誤訳説にはいささか納得がいかない。確かに小説『風立ちぬ』巻頭にはエピグラフ（巻頭詩 書物の巻頭に置かれる短い引用文）として、『海辺の墓』（詩集『魅惑』所収 一九二二）巻末から切り取られたポール・ヴァレリーの詩句が掲げられている。しかし、巻頭詩は本文自体と多様な関連をむすぶもので、本文の要約であったり、また反証であったりもする。このため、巻頭詩を使う作者の真の意図は、巻頭や開巻付近からだけでは見抜くことはできない。作品全体を読み終わってからでないと、巻頭詩の真の意味はわからない。

このため、開巻しばらくしたところで読むことになる、誰の詩句ともわからない、ただ「ふと（語り手の）口を衝《つ》いて出て来た」詩句である「風立ちぬ、いざ生きめやも」が、巻頭詩のヴァレリーの詩句の翻訳だと即断することは危険だ。

なるほど、巻頭詩の詩句の前半と、巻頭近くで語り手によって口ずさまれる詩句の前半は、ともに「風たちぬ、……」であり、同じだ。しかし、言葉の位相はすでに異なっている。ヴァレリーの詩句は、現代の書き言葉で書かれているが、語り手が口ずさむ詩句のほうは文語で古語であり、すでに両者は一致しない。

小説前半の文脈にふさわしい詩句は

小説前半で語り手によって二度口ずさまれる「風立ちぬ、いざ生きめやも」の場面を具体的に見てゆこう。全部で五章あるうちの最初の二章でそれぞれ一回ずつ、問題の詩句が口ずさまれる。第一章「序曲」では、Ｋ村（軽井沢）で夏の終わりに出会った節子との関係が描かれるが、そこには語り手がおぼえる不安な感情がすでに忍び込んできて、それが小説前半の支配的な雰囲気になる。

節子は白樺の木陰にキャンバスを立てて絵を描いているが、そのとき突然風が吹き、キャンバスが倒れる。すぐにキャンバスを立て直そうとする節子を語り手は、「いまの一瞬の何物をも失うまいとするかのように無理に引き留めて、私のそばから離さないでいた」。語り手は目の前から大切なものが喪失するのを恐れていて、キャンバスが飛ばされても手をこまねいて見守るだけだ。

その時、作者不詳の詩句「風立ちぬ、……」が語り手の口をついて出てくる。詩句の後半の「いざ生きめやも」の「やも」は、詠嘆を込めた反語を表現する。つまり、「……だろうか、……いや、そうではないだろう」だ。「生きられるだろうか、……いや、生きられないだろう」という意味だ。

当時、堀辰雄の周辺には死の不安が色濃く漂っていた。大学在学中から肋膜炎をわずらい体調をいたわっていたが、堀辰雄は一九三一年から結核治療のため富士見高原のサナトリウムに入院している。一九三三年に節子のモデルの矢野綾子を知り、翌年九月に婚約するが、矢野綾子も同じ病でサナトリウムに入院し、翌年十二月に亡くなっている。『風立ちぬ』執筆はその翌年三十六年から三十八年にかけて行われている。当時、結核は亡国病とも呼ばれることになるおそろしい伝染病だった。

この小説は生死が交錯するような厳しい日常の中で執筆されたが、身辺にたれ込める死の影は小説の内容にも色濃く投影されている。小説巻頭で不意に吹く風に恋人のキャンバスが吹き倒されても、語り手はそれをただ見るだけで、気弱な諦念ともとれる詩句を口にするが、この詩句は語り手の切迫する心理に沿い、不安を表現するように使われている。この場面であきらめを表現する詩句「……、生きめやも」を読んでも、私は違和感をおぼえないし、この詩句が巻頭詩の翻訳になっているとも思わない。

第二章「春」で、語り手は同じ詩句が二年間も繰り返し口をついて出てくることに気づく。その時も死の不安が周囲に広がる。実際、結核という当時の死病に深く冒された節子は、その月末には八ヶ岳山麓富士見高原のサナトリウムに入院することになる。その準備に追われている時にその詩句がサナトリウムに入院する節子に付き添い同行しようとする語り手にまた甦ってくる。この詩句には、ふたりの新生活の見通しがまったく立たない状態に追い込まれた時のペシミスティックな心情が表されている。その直前にも、重い病に冒されていることを知った節子が、語り手と婚約し明るく振る舞うものの時に気弱になることを語り手に打ち明けている。

では、ヴァレリーの詩句の意味は

一方、Le vent se lève, il faut tenter de vivre（風が立つ、さあ生きなければならない）をその最終箇所に含むヴァレリーの詩『海辺の墓』（一九二〇）は、どのような詩なのだろうか。生と死に関わる葛藤も描かれるが、最終部（第二十二節以下）で吹き始める風は、キャンバスを吹き飛ばすようなものではなく、反対に地中海と向き合う語り手の精神を高揚させる力強いものだ。葛藤する精神に活力を吹き込もうとするのびやかな風だ。『海辺の墓』最後の風の箇所を引用しよう。

いや、　いや！　……立て！　あいつぐ時代の中に！
うち破れ、わが肉体よ、このもの想うすがたを！
吸いこめ、わが胸よ、風の誕生を！
さわやかな大気が　海より湧きあがり、

わたしに魂を返す……。おお、塩の香りにみちた力よ！
波に走り入ろう、生き生きとほとばしるために！
（一連六行省略）
風が立つ、さあ生きねばならない
（最終連五行省略）

この風は語り手の精神を覚醒させ、彼に変容をうながす生気溢れるものだ。こうした風が、悪化する状況に能動的に対応できずに、ただそれに流されるままでいる堀辰雄の語り手に不意に吹きつけ、それによって彼が鼓舞されるようなことはあまりに唐突すぎて、あまり考えられない。地中海の明るく壮健な風は、小説『風立ちぬ』前半の暗く低迷するような状況にそぐわないはずだ。

つまり、語り手が小説前半で口ずさむ「風立ちぬ、いざ生きめやも」という諦念とも解釈できる詩句は、その前半部分が共通しているとはいえ、巻頭詩の翻訳ではない。この古文の文語で書かれた詩句は、堀辰雄自身が作った想像上の詩句なのではないだろうか。

生の回復

　では、巻頭詩として載せられているヴァレリーの詩句は、いったい堀辰雄の小説のどこと関連を持つのだろうか。まずは先を急がずに、小説後半部分――第三章「風立ちぬ」、第四章「冬」、第五章「死のかげの谷」――を前半と同じようにまとめてみよう。章題によってもほのめかされているが、内容はさらに暗く悲しいものになってゆく。サナトリウムに入院した節子の病状はじりじりと悪化し始め、絶対安静が一週間も続くようになる。そして、「冬」の章の最後で節子は喀血し、亡くなる。

　しかし、こうして絶望へと導く一連の出来事とはうらはらに、語り手は悲劇的な事態に流され、悲しみ苦悩しつつも、次第に反対に生のほうに向かうひとりの自分がいることに気づき始める。語り手は節子との恋愛を主題にする小説執筆を始める。執筆ノートを取り始める彼を重症の節子の愛が懸命に支えようとする。また、サナトリウムから見上げる南アルプスの美しい山容や、花々の蕾といった向日性の自然のいとなみが、執筆に没頭する彼を励ます。やがて、語り手は繰り返し節子に語りかける――「皆がもう行きどまりだと思っているところから始まっているようなこの生の愉しさ」、それを「もうすこし形をなしたものに置き換えたい」、と。生を主題にする、つまり節子「お前」についての作品を生のあかしとして書き残そう、と。体調を崩しつつも、節子はその創作の試みを最後まで励まし続ける。

最終章「死のかげの谷」では、節子が死んで三年半たっている。悲しみを抱えつつも、語り手は節子にはじめて出会ったK村（軽井沢）にふたたび向かう。そこで、冬の厳しい寒さに襲われつつも、節子が甦ってくるのを彼は感じる。〈わたしたちが事物を知覚したとしても、それはわたしたちの存在がそれを目の前に反映させているからだ〉という主体性の重要性を説くリルケの文を読む。また、自分が滞在するK村の谷を照らす多くの小さな灯り――そこには節子もいる――があることにも気づく。多くの小さな灯りのおかげで、〈死のかげの谷〉とばかり思い込んでいた場所を、K村の村人たちのように、〈幸福の谷〉と呼ぶこともできると思い直す。大きな事件や出来事は起きないが、語り手の内面は変化する。消極的で受動的であった語り手の精神は賦活され、深い充実感をおぼえるようになる。

この生の回復というテーマは、前後して書かれた他の小説においても追求されている。『美しい村』（昭九）でも主人公の精神上の危機からの脱皮が、向日葵の少女にたいして育まれてゆく愛の力によってはかられる。また、『菜穂子』（昭十六）でも、ヒロインは不幸な結婚生活におちいり、八ヶ岳山麓の結核療養所にも入院し、苦悩するが、自己を見つめ直し、最後には生を激しく追い求めるまでに立ち直る。三島由紀夫は、「生の原理によるその復活」という堀辰雄のテーマは、『風立ちぬ』でことのほか力強く描かれている」と論じている（「現代小説は古典たり得るか」）。

小説の最後の場面では、死のかげの谷とばかり思い込んでいた谷が実は〈幸福の谷〉であることがわかり、その生の谷にしきりに風が吹き続ける、主人公に覚醒を、脱皮をうながすように……。巻頭で風が吹き節子のキャンバスを吹き倒したが、巻末でも同じK村で風が吹く。しかし今度は語り手の主体性を呼びさますように風が吹く。巻頭詩のヴァレリーの風は人の精神に生気を吹き込む風だが、その風は『風立ちぬ』巻頭近くで吹く不吉な風ではなく、巻末で吹く風と同質の爽やかな風だと私には思われる。

巻頭の詩句は、『風立ちぬ』第一章と第二章で翻訳されるものではなく、小説全体の、とりわけ巻末の要約になっていると私は考える。ヴァレリーの詩句「風が立つ、さあ生きねばならない」は、小説前半ではなく、巻末にこそふさわしい風なのだ。

以上、堀辰雄擁護とも言える論を書いた。原典の字句だけを取りあげて云々するのももちろん必要だが、それが使われている状況や文脈のほうも考慮に入れて複眼的に多角度から検討することも必要になるはずだ。

どこか遠くで堀辰雄がニヤリと笑っているような気もする。というのも、中村真一郎の文が私の頭をよぎるからだ――「（堀辰雄は）別の作品をも、作品の構想なり、細部の仕上げなりに、遠慮なく利用していて、私たち読者がそれに気がつくのを、作者は宝さがしの悪戯を仕掛けた人のように、笑って見ているような気がすることがある」（『堀辰雄　人と作品』）。

堀辰雄は、文芸雑誌『四季』全八十一冊の事実上の編集長で、ヨーロッパ文学を積極的に日本に紹介することが、堀の編集方針だった。そのうちの四冊には、ヨーロッパの詩人たちについての評論が掲載されている。ヴァレリーや、巻頭詩について新しい知識を集め、また考察を巡らしたことがうかがえる。なお、詩人三好達治は、堀辰雄の「優れた着想力構想力」を高く評価している（飛高隆夫「『四季』の抒情」）。

宮崎駿監督の映画『風立ちぬ』（平二十五）は、タイトルから理解できるように、堀辰雄の『風立ちぬ』を下敷きに使って作られている。映画のポスターには、「堀辰雄に敬意を込めて」という文が刷り込まれている。

結核に冒された菜穂子との結婚や、飛行機設計という創造に突き進む二郎、作品に時に吹く風の場面などを見ると、宮崎駿監督が堀辰雄の小説を、リスペクトを払いながら、下敷きとして使い、それを独自の作品に変換させて高めていることが明らかだ。とりわけ、堀辰雄の作品の最後に吹く爽やかな風――つまりヴァレリー由来の風――を宮崎監督は、映画の末尾に見事に取り入れている。堀辰雄の小説の本質を鋭い感性で見抜き、それを自らの創作にまで高めた宮崎監督の慧眼に脱帽だ。

宮崎監督の映画では、二郎は零戦戦闘機の完成にまさに前のめりの一直線であり、このため戦闘のための殺傷兵器を完成させてしまったことへの反省も最後には——短い夢の中でしかないが——描かれ、二郎のおぼえる心の葛藤も描かれてはいる。攻撃兵器になる戦闘機造りという少年の頃からの二郎の夢は実現したが、兵器製造に潜む影の部分も表現することを宮崎監督は忘れていない。

しかし、この堀辰雄『風立ちぬ』の核となるものを見抜き、そのいわば本歌を独自の見事な映画に仕上げた手腕には感嘆するし、称賛もおぼえるが、私は同時にある小さな留保をおぼえた。二郎の妻菜穂子——堀辰雄の小説『菜穂子』の女主人公の名前——がその死後に至るまで、二郎の戦闘機設計作業をひたすら励まし続ける存在として描かれる点だ。夫への献身的で一途な愛は、彼女の死後になって二郎の成功によって報われたともいえるだろうが、菜穂子の描かれ方にはやや古風なものが感じられる。「生きて」という妻奈穂子に対して、二郎はただ「感謝する」というだけなのだ。ふたりは——とりわけ主人公二郎は——もっとしっかりと互いに向かい合う姿勢を具体的に見せるべきだったのではないだろうか。

この点では、堀辰雄作品の、やはり結核で死ぬ妻節子にたいする夫「私」の態度のほうに共感をおぼえた。妻節子は結核で体調を崩しながらも夫が取りかかる小説創作を懸命に支えようとする。それにたいして夫の「私」は、「お前」についての文学作品を生のあかしとして書き残そうと言って、節子からの愛にたいして作品執筆でもって応えようと決意する。ここでは死にあらがうのが、「私」ひとりだけではない。結核に冒された妻節子と夫「私」との共同の作業が始まる。夫の「私」は節子と向かい合い、「皆んながもう行きどまりだと思っているところから始まっているようなこの生の愉しさ」をおぼえている。

宮崎駿作品の最後でも、二郎が死に取りつかれた妻菜穂子のほうへよりしっかりと振り返り、ひとりで零戦戦闘機造りに邁進し没頭するだけでなく、ふたりで何かに共同で取り組むようなエピソードを構想することも可能だったのではないだろうか。なるほど、二郎は亡き妻の「生きて」という言葉に、「感謝」とはいう。でも、私としてはより具体的な感謝の内容が知りたくなってしまうのだ。

でも、私のおぼえたこうした留保などは、宮崎駿監督の名作全体から見れば、ごく小さな細部ともいえるものだ。映画の最後に吹き続ける風の輝かしさは、忘れがたい爽快感となっていつまでも私の記憶に残ることだろう。風に乗り、ユーミンの歌う『ひこうき雲』に合わせて二郎設計の戦闘機が舞い続ける。

映画化されてきた文学作品が傑作となって残ることが少ない中にあって、宮崎駿監督

『風立ちぬ』は、その例外として後世に残されることになるのではないだろうか。

村上春樹『羊をめぐる冒険』における名付け

ユニークな傑作『羊をめぐる冒険』（昭五十七）は、さまざまな横糸縦糸から織りなされているので、あらすじをまとめることは容易ではない。しかし、次のようにレジュメすることもできるのではないか――主人公「僕」は人の名前をすぐ忘れる男で、小説冒頭で知り合いの女の子が交通事故で死んでも、彼女の名前が思い出せない。「あるところに、誰とも寝る女の子がいた。それが彼女の名前だ」などとひとりごつ。「僕」は、「名前というものが好きじゃない」などと宣言までする。謎の人物に謎の羊を北海道に探しに行く仕事を依頼される場面でも、見せられた名刺はすぐに回収され、その場で直ちに焼き捨てられてしまう。氏名は消される。『１９７３年のピンボール』にも、恋人直子が現れるが、彼女が死ぬと、その代わりに名前がなく、ただ「208／209」と書かれる双子の女の子が登場してくる。

ところが、話が進み体験を重ねるうちに、対象に新たな名前（苗字ではないファーストネーム・愛称・通称）を付けて呼びかけると、そのうちに呼びかけられた対象が新たな姿を見せることに「僕」は気づくようになる。ファンタジーによって展開される村上の小説を因果関係では説明することはできないので、具体的なエピソードを例示しながら説明してみよう。

当初こそ名前を嫌い名付けることを嫌っていた「僕」は、新しく名を与えられる対象が、それに応じて賦活され、新たな精彩を帯びることを何度か目撃する。たとえば、「僕」は当初こそ飼い猫にも名前を付けないが、猫を預けた北海道の「先生」の運転手が、「あなたは自分の名前さえわからない」と不思議がり、預かった猫に「いわし」という名を付け、「おいで、いわし」と呼び、抱きしめるのを見る。その後、運転手はさらに新たな名を猫に付ける。すると、猫はそれに応えるようにして、丸く太り始める。その変化に立ちあったガールフレンドは、それまでは「僕」に「どうして猫に名前を付けてあげないの」と非難してきたのだが、これは「天地創造みたいね」と言って驚く、というよりも喜ぶ。

村上の小説は一作ごとに独立せずに、前後に書かれた他の小説たちと密接な関連を結ぶことが多いが、この飼い猫も『ねじまき鳥クロニクル』（平五）に出てくる「ワタヤ・ノボル」という猫を想起させる。この猫は一度失踪し、名前も失うが、「僕」のところに戻ってきて魚のサワラを食べるので、今度は「サワラ」という愛称で呼ばれるようになる。すると、それとともにそれまで行方不明だった「僕」の妻までもが家に戻ってくることになる。新しい呼称が発せられるうちに、新しい事態が生じる。

苗字ではない新しい名前（ファーストネーム、愛称、通称）でもって呼び直される対象〈人物、動物、事物、地名〉は、繰り返される新たな命名から刺激を受け、可能性に富む姿に変容する。新たな名付けとともに、新たなポジティヴな局面が切り開かれる。

「僕」の恋人の場合もその一例である。彼女は処女作『風の歌を聴け』では名がなく、ただ「僕」が「三人目に寝た女の子」と描写されるだけだった。しかし、次作『1973年のピンボール』（昭五十六）でその無名の恋人に「直子」という名が与えられると、「直子」は変容し、「僕」に影響力を発揮するようになり彼を導くまでになる。バルザックの〈人物再登場〉という手法が大胆に取り入れられている。

『羊をめぐる冒険』の「僕」は、強権的な暴力をふるう父権を思わせる羊に取りつかれた「先生」の名前を探し出すという仕事を請け負うことになり、北海道の「部落」にたどり着く。その土地では「部落には名前は付けない」という決議までが出されていた。しかし、部落の脇に十二の滝があったことから、「部落」には「12滝村」という名が土地の職員によって付けられる。その地名はさらには、「12滝町」と名付け直される。そして、「北海道――郡12滝町」と新たに表記された土地に関連する文書を読むうちに、「僕」は「先生」の名前をついに見つけ出すことになる。土地は何度か名付け直されるが、その数度の異なった名付けに応えるようにして、土地はそこに潜められてきた北海道の貧農出身である「先生」の名前を明らかにする。ここにおいても、新たに名付け直されることによって活性化する土地は、その名付け直しという呼びかけに反応し、土地に秘められてきた可能性を切り開いてみせる。「僕」の捜索は成功する。

自意識過剰気味で引きこもるようにして他者の名前にさえも関心を示さなかった「僕」は、次第に反復される名付けが引き起こす可能性に気づき始める。以前は、「美しい耳を持った」と呼ばれるガールフレンドに、「あなたは自分自身の半分でしか生きてない」と非難されたが、北海道での羊の追跡を終えて12滝町を離れるときには、変容している。羊博士に「君は生き始めたばかりだ」といわれるようになる。名付けるという行為が引き起こす新たな事態へ興味をおぼえるようになっている。

最近作『色彩を持たない多崎つくると彼の巡礼の旅』（平二十五）においても、父親は息子のファーストネームを漢字の「作」に決めるが、母親は「創」という表記を提案する。

息子自身や友人たちは普段は「つくる」という表記を愛称のように使う。また、母とふたりの姉も彼を「さく」とか「さくちゃん」と呼ぶ。家庭という場において何通りかの呼称が飛び交い、そのことに刺激される「つくる」は、それまでの受け身だった個性から脱皮する。沙羅にも促されて、自分が標的とされたシカトという陰湿ないじめを乗り越え、四人の実行犯——かつての仲間たち——を許そうと決意する。そして、巡礼の旅に出る。この小説においても、『羊をめぐる冒険』において展開された名付けという行為が引き起こす可能性というテーマが、変奏されつつ反復されているのである。

北海道の「12滝町」も何度か名付け直された土地だが、その12滝町はその名付けに応えるようにして、「先生」の名前を「僕」に明らかにする。それだけでなく、捜索していた危険な羊が鼠の体内に取りついたことも明らかにする。この12滝町という場所は、鼠の父が別荘を築かせた父親固有の土地でもあるのだ。そして、この邪悪な父権的存在の羊に取りつかれた鼠は、羊が周囲に増殖するのを恐れ、その伝播を自ら阻止しようとして、自分の体内に宿っている羊もろとも自爆する。

港町のジェイズ・バーに戻った「僕」は、中国人オーナーの長いフルネームを、バーの常連のアメリカ兵たちにならって「ジェイ」という愛称に変えて、呼びかける。そして、バーを港町に転入させたときの借金を抱えるジェイに、北海道での羊の追跡完遂の謝礼としてもらった報奨金の小切手を差し出す――「どうだろう、この分で僕と鼠をここの共同経営者にしてくれないかな？　配当も利子もいらない。ただ名前だけでいいんだよ」。ここでは、「名前」はまだ正式の契約書類に署名されるような苗字が中心となる氏名のことではない。バーの親しい常連仲間同士で交わされるあだ名や愛称のことだ。苗字でなく、あだ名が交わされることによって、そこから何か新たな可能性が生じることに「僕」はすでに何回か立ち会ってきたのだ。そこから共感や信頼感が広がるかもしれないし、自爆した鼠だってまたジェイのバーに来ることだって起きるかもしれない、そのことだって起きるかもしれないのだ……。

でも、である。そんなことはありえない。鼠はすでに北海道で権威づくの父を思わせる羊もろとも自死していて、いないはずだ。「僕」の分身でもあった鼠は、「僕」とは違い、名付けという行為を習得することがついにできない。金持ちで高圧的でもあった父親を嫌いはするが、鼠は父権に支配され家の苗字のほうにとらわれ続ける。独自の名付ける行為が行えない。父からの反対があったことが想像されるが、鼠は母のいない貧しい家の恋人「小指のない女の子」という名のない娘と結婚することができない。彼女は鼠の子を宿すが、堕胎した。鼠の「小指のない女の子」は、「僕」の恋人「直子」のように名でもって呼ばれることがついにない。父親が別荘を構える場所――別荘地では家名が墓地と同じく通用する──で取りつかれた邪悪な羊が身体に巣食っていることを知り、それが周囲に広がり伝播することを恐れた鼠は自ら命を絶ったのだ。鼠は港町のジェイのバーを後にしたあと、もう戻ってくることなどできない。

『羊をめぐる冒険』の最後には、何かが習得されようとしているときのような明るさが広がるが、それと背中合わせになるようにして深い喪失の悲しみも広がる。鼠は家名でもって暗示される父権のような強大なものにとらわれ、牛耳られ続け、ついに自らの意思で名づけという行為を行うことができず、自ら死を選んだのだ。

実際、鼠は前作『１９７３年のピンボール』では恋人「小指のない女の子」と霊園の中でデートをする。家名の苗字が大きく深く彫り込まれた、父権の象徴でもある墓石は、鼠を、そして「小指のない女の子」を上から見下ろし、強いグリップをきかし続ける。鼠はここでも恋人を愛称で呼ぶことができない。

「僕」は鼠の「小指のない女の子」を慰めようとしたこともあった。港町のバーでも、オーナーのジェイに報奨金の小切手を見せながら、「僕」はそれが鼠の手柄であるかのように言う、「その金は僕と鼠で稼いだんだぜ」。しかし、そんなことはない。亡き親友を持ち上げようとしたまでだ。鼠の、名のない女の子を前にして。

その後、バーを出た「僕」は砂浜に腰を下ろし、泣く。二時間くらい。明るい歌だけが聴こえてくるのではない、深い喪失の歌も風の中からは聴こえてくる。「僕」は強い父親の力の下で影が薄く存在感のなかった鼠を、哀惜を込めて思い出す。

なお、「僕」とその分身である鼠との関係に注目するならば、この小説には先行する小説がふたつある。チャンドラーの『ロング・グッドバイ』（一九五三）と、スコット・フィッツ・ジェラルドの『ザ・グレート・ギャツビー』（一九二五）だ（内田樹「言葉の檻」から「鉱脈」へ」『街場の文体論』所収）。この二作品にも、主人公の分身が登場するし、この分身はふたりとも弱くて、邪悪さを抱え込んだ富豪の父親の息子だ。最後には、このふたりの息子も、突然姿を消す。『羊をめぐる冒険』における主人公「僕」の分身である鼠の相似形のような人物だ。このことは、村上の傑作がけっして特異な個人の発想から恣意的に思いつかれたものではなく、文学の継承の長い流れの中に位置するものであることを示してもいて、この小説は確かな分厚い存在感を獲得している。

『羊をめぐる冒険』はファンタジーにも頼って作られ、伏線も置かれていないし状況説明もない。話はやや唐突に展開するし、主人公の内面描写も省かれている。このため、推理と想像で補いつつ繰り返し解釈し判断するしかない。しかし、それが直接的でリアルな訴えからでは得られない、複雑で、しかし痛切な思いを読者にかき立て、深い余韻を響かせることになる。

『羊をめぐる冒険』は、『風の歌を聴け』（昭五十五）と『1973年のピンボール』とともに、鼠三連作を構成するともいわれているが、それ以降に執筆された小説のいくつかとも密接な関連を結ぶ。

小説『羊をめぐる冒険』は、単なる恣意的な空想譚でもなければ、独創的な表現や形式上の実験作でもない。セックスや自殺の描写も多く、見逃せば繁殖する不気味な社会的勢力の台頭も警告のような形で暗示されている。その下には深い人間的な問いかけが潜んでいる。自己と他者との関係性をふたたび構築しようとする試みが内包されている。

鼠が弱いながらも身をもって阻止しようとした父権を思わせる強大な〈邪悪で危険な羊〉の繁殖・伝播というテーマは、『羊をめぐる冒険』以降も——より現実的で社会的なスケールでもって——展開されることになる。われわれは、この多岐に渡って複雑な小説を、細部に拘泥することなく、その普遍性を矮小化することなく読み解かなくてはならないだろう。

私の好きな俳句　加藤楸邨と芭蕉

私は加藤楸邨（明三十八－平五）の俳句に惹かれる。表現される世界は多彩で、俳句特有の俳味に溢れる句も少なくない。

くすぐつたいぞ円空仏に子猫の手　『吹越』

円空が彫った精神性に富む仏に、子猫の手がじゃれている。親しみを含んだ笑いが広がるが、謹厳な仏が「くすぐったいぞ」と実際に子猫に向かって口にしているようで、まるで加藤楸邨が仏になり代わったかのようだ。「すべての物の中にひそんでゐる声は、こちらが聞きとめる心の耳を持ちさえすれば、かならずきこえてくるはずのものである」と楸邨は書いている。

梨食ふと目鼻片づけこの乙女　同前

梨に少女が無中になってかぶりついていて、その大きく開けた口だけが目に留まる。目や鼻などはどこかに片付けられてしまっている。「この」乙女と書かれているので、乙女が目の前にいるようで、彼女への親しみがさらに湧いてくる。

いわゆる花鳥諷詠の句や、こじんまりとしていて、こまやかな日本的情緒の作品はあまり多くない。より鳥瞰的で、よりダイナミックな視点から句が構成されることが多い。たとえば、この二句。

息白く寝し子ペガサス軒を駆け　『山脈』
放電に似て少年語朝虹に　『まぼろしの鹿』

ペガサスは、ギリシャ神話では天馬とも表記され、天にも昇り、雷鳴と雷光を運ぶ役割をになう。こうして二句を並べてみると、寝ている間にペガサスから雷鳴を聞き取り、雷光を目に留めた少年が翌朝不思議なペガサスの言葉を口にし、虹を空にかけているといった光景が目に浮かぶ。大きな時空が編まれ想像が自由に大胆に駆けめぐる。

といっても、私がとりわけ強い印象を受けたのは、次のような句のほうだ。

隠岐やいま木の芽をかこむ怒濤かな　『雪後の天』

前書に「後鳥羽院御火葬塚　三十三句」とあり、掲出句はその末尾の句。隠岐島の御火葬塚をかこむ木々の芽吹きに目をみはり、そこに押し寄せる怒濤に楸邨は自らの思いを託している。隠岐を訪れる楸邨の心の昂りが感じられる。

後鳥羽上皇は鎌倉幕府によって島流しにされ、悲運の生涯を隠岐で閉じるが、楸邨はすぐれた歌人としての上皇に会おうと思い立ち、東京から旅をする。芭蕉の「後鳥羽院の書かせ給ひしもの」「この御ことばを力として、その細き一筋をうしなうことなかれ」（『野ざらし紀行』）という文を読んだ楸邨はその文に突き動かされ、隠岐への旅を決意する。楸邨は大病を乗り越え、俳誌『寒雷』を創刊したばかりだった。旅行鞄には、芭蕉『野ざらし紀行』と後鳥羽院撰定『新古今集』の二冊が入れられた。列車事故による不通のため予定は大幅に遅れる。境港に着くものの、海は荒れ、隠岐島への連絡船は欠航。翌日になって荒波にもまれながら船はようやく島に向かう。

これはただの客観写生ではない。木の芽は、後鳥羽上皇のすぐれた歌群を表しているように私には読める。そこに隠岐に向かう楸邨の熱情が怒濤となって打ち寄せている。楸邨は、後鳥羽上皇と出合おうとしている。上皇と邂逅することによって自らの文業を高め、また確たるものにしようとしている。

また、楸邨は俳句改革を試み、虚子の『ホトトギス』から脱皮する機会を模索するようになる。その頃、同じ意欲に燃えていた水原秋桜子と出合うが、次の句はそうした場面を彷彿させる。


はしりきて二つの畦火《あぜひ》相搏てる　　『寒雷』

前後する句を読むと、句の背景には田園風景が広がり、夕暮れ時の畦火《あぜひ》はその赤みを増してゆく。この畦火には人間の深い心情が潜んでいる。自己の内面だけでなく他者の生き様も描かれ、他者と自己との出合いが劇的とも言える激しさで演じられている。

主宰する『寒雷』創刊号（昭十五）の巻頭言で楸邨は高揚した調子で書いている、「現今の如き時代の雑誌は、かういふ時代にふさわしく、新しい人間の力を呼び起すやうなものでなくてはならぬと信ずる」。

確かに人間探究派とも呼ばれた楸邨は、人事をよく詠んだ。しかし、また同時に自然詠の傑作も数多く残している。

秋蟬のこゑ澄み透り幾山河　　同前

芭蕉の「国破れて山河あり、城春にして草青みたり」を踏まえて作られた句だろう。高館で作られた作品だが、ここは義経終焉の地であり、中学時代の加藤楸邨はここを何度も訪れている。

蟬の声を聞き止めた山河は、蟬に呼応するようにして生動し、声を豊かに増幅させてゆく。山河が蟬の声を反響させる、幾重にも。微細なものを受け止めた山河は、自らの生の時空間を呼びさましてゆく。

楸邨の「隠岐やいま木の芽をかこむ怒濤かな」の句は、芭蕉の佐渡島を詠んだ句を連想させる。

荒海や佐渡に横たふ天の河　　　　『奥の細道』

佐渡島に渡る舟が出る出雲崎に数日とどまり、佐渡島に流刑された順徳天皇——父親後鳥羽上皇と同じく優れた歌人——に共感をおぼえた芭蕉は、悲しみに暮れている。『奥の細道』で訪れたそれぞれの土地で、芭蕉はその地ゆかりの西行や能因や実方などの歌人たちをしのび、追慕している。佐渡にもっとも近く、島への舟が出る出雲崎の港でも順徳天皇という悲運の歌人に思いをはせている。「銀河の序」で遠島を言い渡された人に思いを巡らせるが、そればかりか芭蕉は俳諧でも流人たちの生活をしばしば詠んでいる。

しかし、佐渡と出雲崎のあいだには、天の河がかかる。実際は、天の河は島とは反対側の背後にしか見えず、島に横たわるようには見えないようだ。しかし、事実に反してでも現実を昇華させ、芭蕉は天の河を島と出雲崎のあいだの空にかけた。写生を超えた動的な心象風景が形成される。そうすることで、芭蕉は天空にはるかなものにつながる道を作り、島にまで届く橋をかけようとしたのではないか。天の河でもってつながる佐渡と出雲崎は、かすかな光を投げかけ合う。

芭蕉は、また琵琶湖の東西にそびえる比良山と三上山のあいだに巨大な橋をかけようとする。幾羽もの鷺が湖面の雪から舞い上がり、橋を形作ることを幻想する。

比良三上雪さしわたせ鷺の橋　　『俳諧翁艸』

湫邨も芭蕉もモノローグにふけっているのではない。旅情を風景に託しただけでもない。自己完結した一元的な世界に自閉するのではなく、他者に働きかけている。ふたりの俳人はともに流刑地としての小さな島に情愛を込めて呼びかけ語りかけている。そればかりか、島からの応答を引き出そうとして、耳を澄ましている。

現在という瞬間にとどまってもいない。いずれの俳人も流刑に処せられた後鳥羽上皇や息子の順徳天皇に会いに、遠い過去にまで分け入ってゆく。

湫邨は、畏敬の念を抱きながら、荒波をついて隠岐島に向かう船の上で後鳥羽上皇の歌を繰り返し思い出していたのではないだろうか。

われこそは新島守よ隠岐の島の海の荒き波風心して吹け

【コラム】
コロナ禍の日々：酉の市招福熊手、パン生地、母

11月　某日

神社で開かれていた酉の市に行ってきた。コロナ禍にあっても、市は以前にもまして賑わっていて、招福熊手もよく売れていた。商談成立後の威勢のいい三本締めの掛け声が小雨模様の露店のあちこちからはじけていた。手締めによって売り手は活気溢れるパワーを買い手に返礼として送っていた。招福熊手は商売繁盛や開運を祈り「福をかき集める」熊手とされ、そこにはお多福や七福神や宝船や大判小判などの縁起物が豪華に盛り上がるように飾り付けられている。

残念ながら今ではすたれたが、おもしろいのはその買い方の作法だ。招福熊手を安く買うほど縁起が良いとされていたので、以前は買い手はまず売り手と値切り交渉を始める。割り引いてもらっても、買い手は受け取るお釣りをそのまま懐に収めてしまってはいけない。釣りは全額売り手に御祝儀として返金する。すると、売り手は買い手からのその返金に応え、例の勢いのある三本締めで応え、福を送り、売買は終わる。

礼や福を送ったり返したりして、気持ちのやり取りが売り手と買い手のあい

だで交わされ、そのことによって熊手には、モノとしての即物的価値に限定されることのない、売り手と買い手の人格的価値や縁起物としての情緒的価値が加えられる。商品のモノはさらに輝かしくされる。熊手という商品には、儀式的熱気の中で人と人のあいだで交わされる人情という付加価値まで加えられてゆく。

　セルフ・レジや通販にすっかり慣れてしまいつい忘れがちになるが、モノを買うという行為は買い手ひとりだけで成立するものではないし、額面通りの交換だけに終始するものでもなく、本来は返礼したり贈答したりするときの人間の人格の要素をも含むものなのだ。気持ちのやり取りが売り手と買い手のあいだで交わされて成り立つ行為でもあったのだ。忙しい日常を送っていると、こうしたやり取りなど面倒に映るはずだ。でも、酉の市での交歓に基づくこうした売買には、通りがかった人を立ち止まらせる活気に溢れていた。

　熊手を買った人は、福を多くかき集めることができるように熊手をそのまま高く掲げて持ち帰ることが勧められている。でも、そんなことを言わなくても大丈夫だ。そんなことは知らなくとも、買った人は熊手を高く抱えて目黒の権助坂の長い急坂を意気揚々と上ってゆく。人ごみをかきわけ、背筋をピンと伸ばして、交歓の賑やかさの余韻に囲まれて。私もなんだか大鳥神社を中心とする下目黒という地域社会に参加したような気分になって、昔ながらの活気にひたることができた。コロナ禍にあって立ちすくむ日々は続くが、地域に根付く日常は揺るがない。町の酉の市から元気がもらえて、なんだか気持ちがほっこりした。

マルセル・モースの『贈与論』（一九二四）を思い出した。以前はモノの経済的即物的価値だけでなく、そこに人格的価値や霊的な価値が付加される形で売買が行われることがやはり世界においてもあったのだが、そのいくつかの事例を世界から集めて分析したモースは売買におけるそうした互酬性の重要性を唱えた。売買においては、モノと一緒にモノにまつわる人格や記憶や霊までが足されてモノの価値が定められることがあったのだが、そのことにより買い手と受け手は人間的で親密な絆で結ばれていた。このことをモースは、具体的事例に即して考察した（中沢新一『野生の科学』）。

これは新鮮なアプローチで、印象に残った。そして、モースのこの互酬論は、漫然と無批判に消費社会を生き、利便性や経済合理性に流されて売買を売り手から買い手への一方向的な行為として考えていた私には、一種の警告にもなった。この本は私の記憶に深く刻み込まれることになった。

アメリカでは車まで通販で購入するようになった。しかし、酉の市が賑わう日本でこうした車のオンライン・ショップがうまく行くという保証はない。

某月　某日

コロナ禍が長く続いているため、外出を控えめにする巣ごもりのような生活を送っている。刺激の少ない、単調な日々……。

でも、そんな中にあっても、小さな驚きが足元に転がっている。

YouTubeでパン作り動画を見たが、パン作りの後半の「ベンチ・タイム」に惹き込まれる。まず、一次発酵後のパン生地からガスを抜き、それを手で丸めて、綺麗ないくつものボールにする。乾かないように霧吹きを吹きかけたり、絞った濡れ布巾をかけたりしながら、ベンチで十五分ほど休ませる。パン生地を柔らかくして、最後の成形の時に作り手の思い通りの形になるようにするためだ。だからベンチ・タイムのあいだは作る人はその場を離れずに、休んでいるパン生地の球体を間近からウォッチングするほうが良いと言う人もいる。ヤマ場なのだ。

その後トッピングとともにもう一度成形し直すと、素材はまた生成し始め、ふくらみ始める。作る人のもみ方などに合わせて、息づき始める。でも、生地は時に気難しく反応することもある。生地はモノも言わずに、とんでもない形になってしまうこともある。だから、作る人は、その球体のご機嫌をジッとうかがう。「ベンチ・タイム」で休む球体を女性にたとえる人がいるのもうなずける。

時には二倍にまでふくらむ球体群が、シロウト・カメラマンの薄暗い動画像の奥から静かに浮き上がり、音も立てずに、こちらに迫ってくる。ナレーションもなく、音楽も流れない。どこか危うげなカメラが、いつもなら「ナナメッテル！」と言われてしまう角度からパン生地を執拗に追う。薄暗がりの奥から、パン生地は少しずつ、裸形の生々しくはりきった姿を現す。ベンチ脇に立つ監督の手を離れ、球体はいつのまにか堂々と独り立ちしている。トッピングなどで美味しく仕上げられ、パンはまばゆい黄金色に変わり、素の健康美を人目にさらす。パン生地はたんなる無生物の物質にはとどまらなくなる。それを見るわれわれに生き物となって挑み始める。われわれの想像力は刺激される。生が吹き込まれたパン生地は潜められていた生起する力を発揮し始め、目の前でゆっくりとふくらみ始める。

私がYouTubeでパン生地がこうしてふくらむプロセスに思わず見入ったのは、以前に哲学者ガストン・バシュラールの『大地と意志の夢想』(一九四八)を読んだことがあったからだろうか。哲学者バシュラールもその書物の中でパン生地が豊かな夢想へと導く物であることを述べている。たしかに、バシュラールの言うように、パン生地は、土から育てられた小麦粉と水とが人の手でもって混ぜ合わされ、寝かされて空気にしばらくさらされ、それから火で焼かれる。世界の四大要素である土、水、空気、火がすべて使われてパン生地は作られ、それはふくらみ、生きもののようになってパンになってゆく。

コロナ禍にあって閉塞感が広がるが、その中にあってもパン生地という物質は生を得て黄金色に輝き、ふくらむ。

バシュラールの本の読後感に、私は自分なりの考えを足して、蛇足だが展開してみる。パン製造のプロセスでは五感がほぼ総動員される——見る、触る、香る、味わう、私の身体の中で、それらが総動員される。焼けるとき、はじける音がしないか耳をそば立てるから、聴覚まで使われる！　これはめったに起きないことだ。

さらにパン製造の際は、時間が普段とは異なる遅速で進む。熟成のゆっくりとした豊かな流れに立ち会うことができるはずだ。これも稀にしか起きない。ステイ・ホームのコロナ禍にあって閉塞感を感じつつも、パンが作られるプロセスに立ち会うと、意外にも活動中の身体を意識するようになる。

それにしても、パン生地を哲学者が取り上げて、そこに秘められている豊かさを語ってくれるとは……。パン生地という物質が生を得てふくらむことを、想像力に科学的分析もまじえて哲学者バシュラールは語ってゆく。いつかじっくり再読したくなる。

でも、ふと思う、私は私なりにパン生地だけでなく、パン種にも注目してみよう、と。ごく少量でも酵母を含んだパン種は、パン生地という物質を自分好みの生きものに変化させ、生地に思い通りの味をつけ、さらには黄金色にふくらませてみせる稀に見るスグレモノなのだ。このパン種の種は、モノだったものを発芽させ、変形させ、さらに大きく育ててみせる。パン種には、生の可能性がギッシリつまった種が使われている。

秘伝のパン種を密かに保存管理している人は、パン屋さんだけではないはずだ。モノを生に転換させる秘法を探す私は、ゴッホの『種まく人』が首から吊るす種袋を思い浮かべてしまう。ゴッホの種まく人は、大股で畑を歩き、大きく腕を振って種を蒔いてゆく。くすんだ色のその絵は、見ているうちに、生彩をおび始め、ごく小さな生のしるしをあたりに撒き散らす。

「心の師」である画家ミレーの『種まく人』を繰り返し模写するうちに、ゴッホの『種まく人』に変化が生じる。麦畑の彼方の地平線に黄色い太陽が顔をのぞかせるようになる。すると、それに応えるようにして、くすんでいた色調が色合いを変え、輝くような生彩をおび始める。南仏でゴッホが親しんだ太陽が麦畑を生の場に変えようとする。ゴッホの種袋の中でも種は太陽に温められて殻を破ろうとする、蒔かれた大地で土と水と太陽によって発芽しようとする。私は種が生を得るまでの長い豊かな時間を想像してみる。

加藤楸邨の句も思い出した。

パン種の生きてふくらむ夜の霧　　『野哭』

戦後直後に作られた句だ。この句を載せた句集『野哭』巻頭には、「この書を今は亡き友に捧げる」と書かれている。

某月　某日

谷崎潤一郎『陰翳礼讃』の中にこんな一節がある——「西洋人は闇を嫌い、隠を払い除け、明るくしようとする進歩的な気質があるのに対し、東洋人は己のおかれた境遇に満足し、現状に甘んじようとし、それに不満を言わず、仕方ないと諦め、かえってその状況なりの美を発見しようとします」。

この文の前半の西洋人が「闇を嫌い、隠を払い除け」るとの指摘には納得がゆく。例えば、作家アルベール・カミュは芸術作品を闇の中で虚空を照らす灯台にたとえる。芸術作品には、闇に敢然として立ち向かい、進むべき進路を照らし出し、人を導く力があるとカミュは指摘する。

後半の東洋人の美意識――「その状況なりの美を発見しようとします」――にも賛同する。ただし、私は東洋人が「現状に甘んじようとし、それに不満を言わず、仕方ないと諦め」るとは思わないし、ここにはやや誇張さえ感じてしまう。東洋人がそれほど消極的であるとは思わない。また、『陰翳礼讃』では東洋人の美の例として、お歯黒や厠《かわや》、つまり和式トイレのしつらえ、金屏風、行燈《あんどん》、螺鈿《らでん》といった谷崎美学のやや限定された特殊なものが並べられている。そんな高尚な谷崎美学でなく、もっと現代の身近な日常生活から美や生の例を見出すことはできないだろうか。

こう言ってしまってから、ふと思い出した。たしか、谷崎も特殊な物ではない、和菓子やお椀といった日常茶飯の品に美や生を見出していたはずだ。さっそく、読み直してみる。

> 私は、吸い物椀を前にして、椀が微かに耳の奥へ沁むようにジイと鳴っている、あの遠い虫の音のようなおとを聴きつゝ、これから食べる物の味わいに思いをひそめる時、いつも自分が三昧境に惹き入れられるのを覚える。

谷崎によれば、東洋人は逆境にあってもお椀から虫の音を聞き出す耳を持っている。それに、羊羹《ようかん》からも特有の官能美を見てとる目も持っている。

（羊羹の）玉《ぎょく》のような半透明に曇った肌が、奥の方まで光りを吸い取って夢見る如きほの明るさを啣んでいる感じ、あの色あいの深さ、複雑さは、西洋の菓子には絶対に見られない。

谷崎は、お椀が生き物のように「ジイと鳴る」のを聞き取る。羊羹を女性に見立てて、そこに女性の肌のような美しさを見てとることができる。なにも選び抜かれ洗練された芸術作品からでなくともよいのだ。日用のお椀や羊羹からでも、何気に生のしるしや女性の官能性を見てとる谷崎のセンスに改めて驚く。「で、お前はどうなんだ。美を見抜く力など持っているのか？」という声が聞こえてくる。

私にはそんな力などない。でも、コロナ禍にあっても、生と死についての小さな気づきなら体験した。

詩人吉田一穂の『母』という詩について書かれた解説を一般書の中で読んだ時のことだったが、私はその解説に少し違和感を覚えた。詩のパラフレーズ――言い換え――だけになっている……。

でも、私のこの詩についての独自の解釈を述べる前に、まずその詩『母』を以下に引用しよう。

あゝ麗はしい距離（デスタンス）、
つねに遠のいてゆく風景……

悲しみの彼方、母への、
捜り（さぐり）打つ夜半の最弱音（ピアニツシモ）。

私はある一般書につけられたこの詩の解説に物足りなさをおぼえた。そこでは、もっぱら亡き母が消えてゆくだけの存在として確認されていた。母は喪失に向かうだけの存在としてまとめられていた。そうして死後に沈黙や忘却に飲み込まれてゆくとき、亡き母は言語化され、それはそれだけで美しい詩に純化され昇華する、とも。でも、それだけだろうか。吉田一穂は母の喪失をただ見守るだけだろうか。

この詩にはもっと多くのことが表現されているはずだ。詩人吉田を亡き母の捜索へ探求へと駆り立てるようなより強い思いも表現されているはずだ。この詩で、作者吉田一穂は母の消失を前にしてただ手をこまねいてたたずむだけではなく、消えてゆく母をより積極的に主体となって探し出そうとしているはずだ。たとえそれが無謀で不可能な試みであることを知りつつも、闇の国に分け入ってゆき、消えてゆく母に楽音でもって呼びかけようとする吉田の姿勢も感じられるはずだ。

引用文三行目には、「母への／捜り打つ夜半の最弱音」とある。この文の主語は、明示されてはいないが、吉田一穂自身だ。吉田は楽器でさまざまな音を弾き、亡き母に呼びかけ、その音に応えようとする亡き母の姿を探っているはずだ。母からの反応を聴取できるように、吉田は最弱音も使いながら、亡き母のほうへ楽器を奏でる。母の気配は、次第に消えてゆく。それでも、吉田は楽器を奏でながら死の冥界にまで降り立ち、そこにいる母からの応答を待ち、母の声を聞き漏らすまいとして耳をそばだてている。必死に母を探し出そうとする吉田の能動的な意志の力のほうも表現されているはずだ。

この母は神話のエウリュディケを思わせる。吉田は竪琴を弾きながら冥界で亡き妻エウリュディケを探し出し地上に連れ戻そうとする夫の楽人オルフェウスを思わせる。オルフェウスは最後に掟を破って後ろを振り返ってしまい、このためオルフェウスの後ろを歩き、連れ立って地上に帰還しようとしていた亡き妻エウリュディケは、地上に戻ることができなくなる。吉田はオルフェウス神話のこの悲劇的な結末をおそらく知っていただろう。それでも、彼は亡き母に呼びかけ続けるのだ。

コロナ禍にあるので、身近でも起きる死に抵抗しあらがおうとする気持ちにうながされて、私は吉田の詩『母』に亡き母を地上に呼び戻そうとする強い姿勢をことさらに読み取ろうとしているのかもしれない。しかし、吉田はこの詩で、死の後に来る忘却に埋没しまいとする強い思いを表現していると、私は思った。

吉田の故郷の北海道古平町の神威《カムイ》岬には、高位の霊カムイが棲んでいる、とアイヌの人たちは信じている。吉田はこの神威岬周辺の故郷をしばしば詩にした。もしかすると、吉田は亡き母の彼方に、この故郷の霊的存在であるカムイを見たのかもしれない。

二〇二〇年初頭から三年以上にも及ぶコロナ禍は、日常生活に見慣れない生や力が潜んでいることを教えてくれているのかもしれない。猛威をふるうパンデミックによって多くの方が亡くなった。そうしたパンデミックを前にすれば、詩作品など微力なものかもしれない。しかし、詩作品は小さな断片であっても、それは暗い状況に閉塞することなく多様に生きる新たな可能性を暗示してくれる。詩が深い闇に包まれながら小道をたどる私たちの足もとを照らしてくれる灯りになることも起きるのだ。

第二章　フランス文学

マルセル・プルースト『失われた時を求めて』
応答的創造のほうへ

1　コンブレの就寝劇

マルセル・プルースト（一八七一―一九二二）の長編小説『失われた時を求めて』は大伽藍にたとえられることもあって、何やら近寄りがたい長編のように語られることがある。しかし、その特有な展開の仕方に慣れれば、けっして難解な書物でもないし、審美的内省で語られる美の巨峰などでもない。重要な場面もむしろ身近な所で繰り広げられることが多く、多彩なアプローチが可能な小説だということがわかるはずだ。安定していた社会が傾くときの迫力に富む描写もあり、人生にうがたれる深淵をのぞきこむような場面も描かれはする。でも一方では、人間に秘められている可能性も繰り返し語られているし、親近感もユーモアも感じることができる小説だ。それまでの近代小説にはなかったような新しいタイプの長編小説だ。二十世紀初頭の芸術創造の刷新期に書かれ、第一篇「スワン家のほうへ」は一九一三年に出版されたが、一九〇〇年には、精神分析の領域を切り拓くフロイトの『夢判断』が刊行され、一九二四年には二十世紀最大の文学運動となるシュールレアリスムの『宣言』がアンドレ・ブルトンによって出版されている。

読み進むにつれ、読者も主人公とともに自分のうちに潜んでいる豊かな可能性の探索へと導かれてゆくはずだ。『失われた時を求めて』は、最後はわれわれ読者にも創造的な表現をするように呼びかけてくる。

巻頭のコンブレという小さな町で起きる就寝劇において、すでに作品の基本的なテーマを予告する重要なことが起きる。夕食に招かれて来訪してきたスワンをもてなすために、主人公の母親は忙しくなる。スワンといえば、まだ華やかだったパリ社交界の寵児なのだ。母は幼い主人公に毎晩与えていたおやすみのキスさえ与えることができなくなる。母の不在を予期し恐れていた主人公は、スワン来訪によって実際に起きた母の不在を前にしてうろたえる。不在の母は自分を排除して、夕食という快楽をスワンと共有しているのではないか。愛情における嫉妬という、のちに恋愛において展開されることになる大きなテーマがすでに読み取れる。母の長引く不在を前にして感情を抑制することができなくなった主人公は、スワンの帰宅後、深夜になって片付けを終え、ようやく寝室に入ろうとしていた母親に、禁を犯して廊下に飛び出しすがりつき、困惑する母におやすみのキスをねだる。最後に譲歩した母は、しぶしぶ主人公の部屋に入り、夜通しジョルジュ・サンドの小説『捨て子フランソワ』——主人公の誕生日プレゼントとして祖母によって厳選され購入されていた——を読み聞かせる。

ここで特徴的なことは、母がサンドの原文を原型のまま忠実に再現してはいないことだ。母は原文をそのままの形で手渡すような音読はしていない。原文に自分なりの創意で一工夫を加え、主人公に読み聞かせている。母は独自に手を加え、音楽の流れに乗せて朗読をする。

また、母親の分身である祖母も、今までのものに、それに類似する新たなものを付加する創造的表現である隠喩が使われている小説をとりわけ好んで購入し、それを主人公の誕生日の贈り物に決めた。プルーストは、隠喩という言葉を、〈新しい意味を生み、それをそれまでの意味に追加させる創造的表現〉と解釈し、自らの創造行為を表現する重要な語として何度も使っている。プルーストは隠喩を古典修辞学のように説得や美のための表現としては考えていなかった（佐藤信夫『レトリック感覚』）。

母のほうも読み聞かせの声を独自に工夫して、声を音楽の調べに乗せて増幅させ、新たな意味を原文に加えている。祖母も母も生活において創意工夫を発揮し新たな形で表現することのできる創造的センスの持ち主なのだ。

主人公は母が創意に富む素晴らしい読み手であることに気づく。母が朗読に作曲家ヴァントゥイユの楽曲の抑揚をつけていることに気づき、主人公は喜ぶ。ジョルジュ・サンドの「平凡な散文」に「いとおしい思いのこもった一種の生命」が吹きこまれているのだ。母からの愛情は幼い子供の身体に直接注がれる母子未分化の時期特有のものではない。母は自らの才気を発揮し、創造的実践を行なってみせ、子供にその行為を差し向けて、子供自身にまだ眠っている主体性を発揮させようとうながす。子供の内に潜んでいる創意に富む能動性が発揮されることを母は願っているのだ。

就寝劇で子供部屋に入った母は、まず独自に作った三つの愛称で主人公に呼びかける。その次に母から語りかけられる創意に富む朗読の声には、子供にまだ眠っている創造性を呼びさまそうとする深い愛情が込められている。長編小説冒頭から重要なテーマの萌芽をいくつか読み取ることができる。

このほかにも、就寝劇にはその後に展開されることになるテーマがいくつか伏線となって潜められている。コンブレの就寝劇で主人公は不在となった母を会食者スワンの元から一刻でも早く取り戻そうとして、両親に罰せられるのを覚悟のうえで、深夜に自室から廊下に飛び出して母にすがりつき、おやすみのキスをねだる。家の決まりを無視し悪を犯したことになるが、この行為は主人公の記憶に深く刻みこまれ、このため同様の悪行を主人公はその後も犯すようになる。例えば、後に相続によって自分のものになったレオニー叔母の家具を主人公は売春宿に売り飛ばしてしまう（プルーストの母親は、家具を愛好した）。第六篇においても性的誘惑にかられる主人公は母をてこずらせる退行現象を演じる。また、主人公は祖母と恋人アルベルチーヌに対しても過誤を犯したと思い、のちにふたりが死ぬと、その死を自分が犯した過誤によるものだと思い、主人公は自責の念にかられる。

また、就寝劇において母の不在という現実を突きつけられた幼い主人公は、不安にかられ、ただ泣きじゃくるだけだが、この時おぼえた無力感もその後になってやはりふたたび体験することになる――「実のところ、この嗚咽の声はけっして止むことがなかった」。

主人公は、こうして母や祖母をはじめとするコンブレの人物たちからうながされ導かれ、そのうちに次第に自分の内に潜む能動性の表現の機会を自ら探ることになる。しかし、その能動性の習得のためには多岐に渡る長いプロセスを踏むことが必要となり、それは予定調和のように容易には実現されるものではなく、その行程においては挫折や失望や嫉妬や悪といったさまざまな試練が待ち構えていることが、小説冒頭から暗示される。不幸や悪という試練に遭うことによってはじめて新たなものを習得することへの渇望が生まれる。贖罪の気持ちも入り混じり、文章は時に悲歌のようになり、陰影に富むものになる。

コンブレの就寝劇は、『失われた時を求めて』全体を予告するものであり、オペラの序曲——オペラ全体の粗筋や雰囲気をまとめて演奏し、展開を予告する——を想起させる。また、母はそれ以降も主人公を支え、創造的表現に向かわせようとする。

なお、就寝劇での母の読み聞かせの声は、それ以降バルベック滞在中においても、母の分身である祖母からも変奏された形で主人公に向けて発せられる。避暑地バルベックの中心の「グランド・ホテル」の個室で孤立感をおぼえ気持ちを苛立たせる主人公に向かって、隣室にいた祖母は壁越しにノックの音を送り、孫の気持ちをなだめて落ち着かせる。コンブレの就寝劇の場面のように、祖母もまず主人公に自分で作った愛称で呼びかける——「可哀想なおいたさん」「小さなネズミさん」……。その時、祖母が叩くノックの音は、音楽と言葉が一体となったように響いてきて、その音によって隣室の主人公は落ち着きを取り戻す。コンブレでは母による朗読の声が音楽のように響いたが、バルベックでの祖母のノックの音もやはり呼びかけの楽音となって聞こえてくる。

主人公はここで不安を鎮めるだけではない。主人公は呼びかけてくる楽音に聞こえるノックの音に高揚感をおぼえ、自らも祖母にノックで応える。部屋の仕切り壁の両側から交わされる祖母と主人公のノックの音は、声の二重奏として描かれる。第五篇「ソドムとゴモラ」の「無意識的記憶」と題された章において今は亡き祖母は甦ってくるが、この時も祖母は第一回目のバルベック逗留時に主人公と壁越しに交わしたノックのやり取りという、ヴァントゥイユの主要なピアノとヴァイオリンのソナタを思わせる響きになって思い出される。

コンブレは作家志望の主人公が創作実践へ向かうための揺籃の地だ。そこには教養や知識を直接教授し伝授するのではなく、そこに自らの創意工夫も盛り込み、生きた知恵として表現し実践できる人物たちが登場し、彼らは主人公の主体性を引き出そうとする。母親や祖母だけでなく、料理女フランソワーズやその仲間でもあるテオドールや、さらには多大な影響を主人公に与える作曲家ヴァントゥイユなども、コンブレにおいて独自の創意に富むセンスを発揮して、主人公に創造的表現のヒントを与える。

レオニー伯母の料理女フランソワーズもそのひとりで、表面上では無学な頑固者で、病弱な下働きの女中をこき使う人物だが、実は同時に主人公を創造へと導く重要な役割を演じる。彼女が料理の腕を振るい始めると、それは既成のものにとらわれない創造のセンスの自由奔放な表現となっていて、その才気によって彼女の道徳上の欠点はいわば看過され許されることになる。プルーストは、ドストエフスキーの欠点だらけの登場人物が高い精神性に富む行為を行うことに注目している（「見出された時」「書簡」）。

フランソワーズは、日曜になると腕によりをかけて正餐である昼食を主人公一家にふるまうが、その入念な準備は前日の土曜日から主人公一家の習慣を打ち破る形で開始され、日常生活という規範にとらわれない途方もないその料理の腕前は、彼女の針仕事と同様、主人公に創作のヒントを与えることになる。

実に多様な食材がまず集められ、新鮮な海の幸までもが遠くの海から食卓に上る。日曜のミサに供えられ祝福されたブリオッシュも、ミサが終わると食卓にいつのまにか並べられている。聖と俗の間に引かれていたはずの境界線は平然と乗り越えられ、コンブレの中世の教会に彫りこまれていた聖王ルイも、まるで知り合いであるかのように台所でフランソワーズと語り合う。彼女が焼く肉のローストの香りは、コンブレの町のはずれまで運ばれてしまう。規格外の、その奔放な腕によって作られる料理は、それが芸術ではない生活という分野のものであれ、音楽作品にたとえられ、慣習にとらわれない創造力を表現する。

土曜から日曜にかけて繰り広げられるフランソワーズの料理は、平日の「おだやかで、閉ざされた社会」、「カースト制」ともみなされるコンブレに、「ほとんど全市民のものと言えるような小事件」を引き起こす。そして、土日になるたびに料理の活動的な時空間は繰り広げられるので、ついには週日の穏やかな慣習とは異なる「ふたつ目の慣習」が土日に出来上がる。たかが料理、されどその腕たるやおそるべしなのだ。

なお、穏やかなコンブレの日々にフランソワーズによって作り出される「ふたつ目の慣習」は、その後もそれと共通する「ふたつ目の作品」という表現となってふたたび立ち現れる。パリの美の殿堂オペラ座で女優ラ・ベルマによって朗誦されるラシーヌ劇の台詞が描写される時も、ラ・ベルマ特有の台詞回しは、台本のラシーヌの古典演劇『フェードル』に忠実でありつつも、さらにそこに女優ラ・ベルマが独自に解釈した表現――「ふたつ目の作品」――を加えて発声されていた（第三篇「ゲルマントのほう」）。

しかし、最初にラ・ベルマを観劇したときは、憧れていた女優ラ・ベルマをひたすら作者ラシーヌと一体化した「女神の完璧さ」を示す「絶対的な存在」として神格化してあがめようと焦ったため、主人公はラ・ベルマがラシーヌの原作に加えた独自の創意工夫など聞き取ることができず、結局第一回目の観劇は主人公に失望をもたらすことになった。

しかし、パリ・オペラ座での第二回目の観劇の際は、ラ・ベルマの演技に感激することになる。彼女が「原作のまわりに生み出される第二の作品」を表現していることに気づいたからだ。この「第二の作品」は、フランソワーズがコンブレで現出した「ふたつ目の慣習」という表現に類似し、その延長上で用いられた表現だ。こうして、コンブレの生活に

「ふたつ目の慣習」を創出したフランソワーズの料理は、首都パリで格調高い古典演劇の「第二の作品」を現出させる女優ラ・ベルマの朗誦といつのまにか肩を並べている。こうした展開は、創作上のカテゴリーやジャンルを無視し、また社会階層のヒエラルキーも横断するような、驚くほど大胆なユーモアにも社会風刺にもなっている。

なお、その際、女優ラ・ベルマが創出した「第二の作品」を受け止め、それを正しく評価して喝采を送るのは、主人公のいるオペラ座の安価な平土間につめかけた「民衆」のほうだ。一方、それとは対照的に、桟敷席やボックス席に陣取るゲルマント公爵夫人たちのラ・ベルマの朗誦への反応は描かれていない。高価なボックス席を占める公爵夫人たちにとっては、オペラ座は観劇の場ではなく、むしろ華やかな社交の場なのだ。

The Opéra Box (La loge de L'Opéra)(1894)
Alexandre Lunois(French, 1863-1916)

主人公一家と一緒に片田舎とも言えるコンブレから約百キロ離れたパリの貴族街サン＝ジェルマンのアパルトマンに引っ越しても、フランソワーズの料理はその勢いを失わない。

主人公の高級官吏の父が仕事上の便宜も考えて、自宅に元大使のノルポワ侯爵を招いた時も、料理女フランソワーズが供した多くの食材を長く煮込んで作る田舎町コンブレでの得意料理「ニンジン入り牛肉ゼリー寄せ」は、パリのサロンではいつも高級官僚として断言を慎重に避ける元大使のノルポワ侯爵にまで絶賛される。

当時は、中央集権の首都パリから地方へと何事も運ばれていた。食卓に料理が供される現在のような順序、つまり前菜に始まりデザートで終わる順序にしても、それはパリで十九世紀末に順序が定まり、やはりパリから地方へと広まりつつあった。しかし、フランソワーズはコンブレにいる時でもこのパリで流行り始めた新しい順序を断固として取り入れない。フランソワーズは敢然として首都で広まる慣行を無視し、「逆さまの旅」を周縁のコンブレから中央のパリに向かって敢行する。

フランソワーズの仕事ぶりは母親にも気に入られ、最終巻においても主人公は彼女の、やはり多くの布地を縫い合わせて仕立てるドレスの作り方にも感心し、自分もその仕事ぶりを真似て創作しようと思うようになる。フランソワーズはまたその本能的な直感によって主人公が取りかかる創作を理解し、彼の原稿草稿を巧みに整理して、執筆を手伝うことにもなる。創造が日常生活から遊離しない卑近な所でも実践され、互いを高め合う。日常生活において慣例にとらわれずに自由に作られるものに、少しずつ創造されるものが帯びる品格が与えられてゆく。

主人公に強い影響を与える作曲家ヴァントゥイユも、元はといえば娘の同性愛に悩むコンブレの目立たないピアノ教師にすぎない。祖母はその生徒でもあった。実は多くの名もない人物たちまでが――フランソワーズと親しい、食品店の素行不良の青年テオドールでさえも――生活の場において蓄積されてきた生活の知恵に基づきつつも、そこからさらに独自のすぐれた腕や技を磨いていて、その創意工夫は作家志望の、しかしまだ無為で執筆を一日延ばしする主人公の背中を押す。それぞれにおいて発揮される才気を目にする主人公は、こうして実は小説冒頭の「コンブレ」からすでに創作のヴィジョンの探求と習得に向けてうながされている。当初こそコンブレの端役でしかないと思われていた人物群も重要な役割を演じる。それぞれの立場から、発揮される彼らの腕前を目にしても主人公はまだその意味が理解できない。

フランスでは十九世紀末に日曜日が休日として認められ始めたが、休日となった日曜日はきわめて貴重な一日であったため、フランス人はその日を休息の日として何もしないで終日過ごすようなことはしなかった。むしろ、週日の勤労とは別の活動に励むことができる一日と思い、各自は独自の工夫によってその日を十分に活用しようと知恵をしぼり工夫をこらした（ピエール・ノラ「村での自由時間」『レジャーの誕生』所収）。音楽や絵画といった高尚な大芸術の美がただ観念的に審美的に鑑賞されているだけでもないし、美に主人公は自己同一化してもいない。美がただ受け身のまま享受されるだけではない。大文字の美の鑑賞にひたすらふけるスワンはといえば、コンブレの老ピアノ教師が、高明な作曲家ヴァントゥイユであることを認めようとしない。スワン——ある面では若い頃の主人公——は芸術から強い印象を受けても、時間をかけて印象を深め、独自のものにしようとはしないディレッタントである。強い印象を受けても、それは既成の知識に回収してしまい、自らへの真の刺激とすることを避けてしまう。

一方、当初こそ副次的な脇役とも思われた人物のほうは、その外見や表面からだけでは推しはかれない豊かさを秘めていることが多い。人物の性格や心理の下には、幾重にも可能性や可塑性が豊かに重層的に積み重なっている。人物も「羊皮紙」や、また「壺」にもたとえられている。心理という理知の下に広がる奥底にまで関心を透徹させる作業に読者は導かれる。その時読者は知性だけでなく、感性や想像力や記憶も動員することになり、多岐にわたる能動的な読書を読者は始めることになる。さまざまな人物や風景などから受ける印象にしても、そこに潜められている動きや、そこから呼びかけてくる声を探るためには、「レントゲン透視」や、写真の「ネガの現像作業」を繰り返し行うことが必要になるとプルーストは最終篇で指摘する。きっと、高感度の集音マイクでもあったら、さらに好都合になるかもしれない……。

第一篇「スワン家のほうへ」は、こうして前奏であり、やがてさまざまに展開されることになる予告や伏線が準備されている。やがてそれらは反復・変奏されて、強化・増幅されてゆく。一見忘却されたように思われるものも、その後に最終篇「見出された時」において新たな照明を浴びて回帰し、その役割も明確なものとなる。

2　恋人アルベルチーヌ　もうひとつの愛

第二篇「花咲く乙女たちのかげに」に恋人になるアルベルチーヌが登場してくる。彼女は英仏海峡を臨む保養地バルベックの海を背景にして現れる無邪気な娘たちのグループのひとりだ。女性もまたがるようになった自転車を好んでいて、その頰は冬の朝の輝きのように紅潮する。娘たちとイタチ回しという遊びをしていてアルベルチーヌの手を握った時など、「無数の希望が一気に結晶する」のを感じ、「官能的なやさしさ」を主人公はおぼえる。しかし、彼女が下品な言い回しを使うのを耳にするうちに、彼女がグループの娘たちと同性愛的関係にあるのではないかと疑い始める。しかし、彼女の姿は変化し続け、はっきりした像を結ばない。

主人公は、祖母に勧められて、高級避暑地バルベックの中心「グランド・ホテル」の対岸の寒村リヴベルにある画家エルスチールのアトリエを訪れる。社交界の軽薄な取り持ち役ビッシュを、祖母は新たに「エルスチール」と名付け直し、画家としてその力量を再認識していた。主人公はこの画家エルスチールが力動感溢れる新しい海洋画をアトリエで創出していることを見て取り、その描き方に強い印象を受ける。エルスチールの海洋画では、海と陸が互いに他方に働きかけ合っていて、その相互に働きかけ合う作用によって海も陸も新たに生動するような面を見せていた。静止する物の写実による再現ではなく、海と陸の一方は他方へ新たに生動するような側面を与えていた。そのことによって海も陸も変貌し、「メタモルフォーズ」が引き起こされていた。この動的な状態は、絵画固有のテクニカルな用語ではなく、むしろ文学用語でもって説明されていて、隠喩によって起きるとも書かれているが、この隠喩は「物の名前を取り去り、別の名前を与えることによって、それを再創造すること」とも説明されている。このメタファーは、コンブレの就寝劇でも明らかにされていたが、祖母が小説において好むものだ。プルーストは最晩年の一九二二年にも、「文体に永遠性を与えるものはメタファーだけだ」と評論の中で書いている（「フロベールの『文体』について」）。その後、主人公とアルベルチーヌは、画家エルスチールの物を生動させ賦活させるような描き方を実際に再確認しようとするかのようにドライブに出掛け、バルベック周辺の教会を見て回ったりする。

第五篇「囚われの女」で、主人公はパリでアルベルチーヌと同棲生活を始め、彼女が同性愛の娘たちと接触しないように監視も行う。絶え間のない嫉妬の目にさらされるアルベルチーヌは、追及から逃れようとして嘘まで口にする。不安にかられて、主人公は尋問のような質問までする。しかし、彼女の説明は納得できるものではなく、彼は彼女について立てる仮説を何度も修正せざるをえなくなる。ふたりはキスも交わすが、キスは「物の表面をさまよって、（……）頰にぶつかり、中にまで入り込めない」。彼女を所有することなどできないし、女性同性愛ゴモラ疑惑についても、確証も反証も得られない。恋愛についてペシミスティックな考察が続き、恋愛は苦痛をもたらすものとなる。

アルベルチーヌの背後には、判読不可能の「おそろしい未知の土地」が広がる。心理分析では届かない存在、理知による定義では理解不可能な存在の根底に、最初に登場したと

運転手アルフレッド・アゴスティネッリ プルーストの秘書も兼ね、アルベルチーヌの主要モデルとなる

きのバルベックの海のうねりも広がる。精緻な心理分析は多くのことを教えてくれるが、アルベルチーヌの実態はつかめない。「ついに心理の極限に触れる」（ジュリア・クリステーヴァ「想像界」『プルーストと過ごす夏』所収）。

一九一七年にはフロイトの『精神分析入門』が刊行された。無意識によって突き動かされ、十九世紀的合理主義によっては統御されることのないもうひとりの自己への洞察がさまざまな領域において行われ始めた時代でもある。愛撫されても、アルベルチーヌは「閉ざされた蓋」のままだ。「人間的性格をひとつずつ脱いでゆく」状態にもなる。

しかし、これはレヴィナスの言う、「創造に先立つまったくの虚無」だ（『倫理と虚無』）。アルベルチーヌは心理の下に広がる存在の根底において、主人公に新たな名を与え、その後に彼が理解しやすいように工夫したピアノ演奏を聞かせ、主人公を覚醒させる根源の力を秘めていた。プルーストは音楽の本質を、「魂の神秘的な奥底を私たちのうちに呼び醒ます」ことだと考えていた（「シュゼット・ルメール宛て書簡」一八九五）。

不変の性格を持ち合わさないその存在の根底から、アルベルチーヌは主人公に未知の呼びかけの声を投げかける。第五篇「囚われの女」において、アルベルチーヌは画家エルスチールばかりか作曲家ヴァントゥイユの作品も理解し、そこから自らの創意も習得し表現する「見違えるような」女性となって再登場してくる。彼女は、母親と同様、主人公に朗読も聞かせるようになる。アルベルチーヌのこうした変容は、エルスチールのアトリエ――「世界創造の実験室」――で、それまでのバカンス気分を楽しむ奔放そうな「シモネ嬢」を画家エルスチールが苗字ではなく、ファースト・ネームで「アルベルチーヌ」と新たに呼び直して、主人公に紹介したときから始まる。「アルベルチーヌ」と呼び直されるようになると、彼女は芸術作品を好むだけでなく、実践までも行うようになる。母や祖母が好んだ文学作品からの引用も行うだけでなく、さらにはヴァントゥイユの曲をピアノや自動ピアノで主人公マルセルに弾き聞かせ、彼の成長をうながすようになる。

新たな名前がつけられるのを機に、その人物は心理分析の対象にとどまらなくなり、しばしば芸術的な創意に富む実践を行う活動的な人物に変貌する。なお、それまで無名だった主人公も、アルベルチーヌにはじめて「マルセル」と名付けられ、彼女独自のピアノ演奏に触発される形で創造性の表現へ導かれるが、この点については後述したい。

主人公は恋愛それ自体には虚無や幻滅をおぼえるようになるが、サロンでヴァントゥイユの七重奏曲を聞いたとき、すでにこう考えていた――「（……）恋愛の中にさえ見出してきた虚無とは別のもの、おそらく芸術によって実現できるものが存在するという約束として、また私の人生がいかに空しいものに見えようともそれでもまだ完全に終わったわけではないという約束として、私が生涯耳を傾けることになるあの不思議な呼びかけが七重奏曲から届けられた」。

ヴァントゥイユの曲に感動した主人公は、アルベルチーヌによって「マルセル」と呼ばれ、さらには数度にわたって聞かされた彼女独自のピアノ演奏にもうながされる形で、曲から受けた呼びかけについて考察を深める。そして、アルベルチーヌのピアノ演奏からの呼びかけが、コンブレの就寝劇においてジョルジュ・サンドの小説『捨て子フランソワ』を読み聞かせてくれたときの母親の創意に富む声に類似することに気づく。触発される主人公は、自分に胚胎する、しかしまだ未知の状態にとどまる創造性について思いめぐらし、それをアルベルチーヌに語り始める。

母の不在やアルベルチーヌへの嫉妬によって深い不安と欠乏感に突き落とされる主人公は、闇の中で不意に渡された創造性という未知の贈り物の中身を懸命になって推しはかろうとする。哲学者レヴィナスは、失意にかられるマルセルが最後に与えられる創造性という贈り物を「詩」と名付けて、この「詩」を手にすることによって、マルセルの孤独は、創意が交わされる本源的な「コミュニケーション」へと反転すると指摘する。ただし、この「コミュニケーション」は意思疎通という意味ではなく、不安にとらわれる相手に呼びかけ、立場を転換させようとする伝達のことだ。このため、「孤独の絶望は、数々の希望の尽きることのない源泉」に転換する（「プルーストにおける他者」）。

就寝劇とアルベルチーヌのピアノ演奏の場面は互いに類似する演出で展開されている。まず、就寝劇において母親は来客スワンをもてなすことに忙しくなり、不安と嫉妬にかられた主人公は母親の愛情を疑っていたが、同様に第五篇「囚われの女」のパリでも主人公ははじめアルベルチーヌの愛情を疑っていた。そうして嫉妬にかられ孤独におちいる主人公に、コンブレの母親も、パリにいるアルベルチーヌも、外部から訪れてきて、まず情愛を込めて主人公にそれぞれ新たな名――愛称と「マルセル」というファースト・ネーム――を与える。

それから、アルベルチーヌは、「コンブレの母のように安らぎを与えてくれるキス」をマルセルに与え、さらに、彼女たちふたりはともに主人公に向かい創意に富む実践を行う。つまり、母は創意に富む朗読を、アルベルチーヌのほうはマルセルが理解できるように手を加えたピアノ演奏をそれぞれ行ってみせて、マルセルのまだ眠っている創造的表現への意欲が喚起されるのを待つ。アルベルチーヌは「肉体的欲望を感じ直させることはできなかったが、私に一種の幸福への渇望をふたたび味わわせ始めた」（第四篇「ソドムとゴモラ」）。

「囚われの女」でヴァントゥイユをピアノで弾く成熟したアルベルチーヌが、コンブレで朗読を聞かせてくれた就寝劇の母親の姿に類似し、重なることにマルセルははっきりと意識する——「このように毎晩アルベルチーヌをそばに置きたいという欲求の中には（……）私の生涯でまったく新しいものではないにしても、少なくともこれまでの恋愛にはなかった何かがあった。それは、はるかなコンブレの夜、母が私のベッドにかがみ込んでキスとともに安らぎを与えてくれたとき以来、たえて感じたことのない心を鎮めるある力だった」。母やアルベルチーヌは最後に創造性に富む呼びかけをマルセルに行う。すでに、コンブレにおいて主人公は母の朗読を聞いて、「新しい時代」に入ろうとしていた。まだ無主体だった彼は少しずつ創造的表現の習得を始めようとしていたのだ。

小説冒頭の就寝劇以降さまざまな機会に反復され変奏されるこの呼びかけは、時間を超えて互いに共鳴し増幅されてゆく。最終篇には、こうした文が書かれている——「私が生を受けたコンブレからは池の水がいく筋もの噴水となって、私と並んで噴き上がっていることがわかった」。

恋愛自体は嫉妬や消滅へ向かうが、当初こそ小声で、しかも断続的にしか伝わってこなかった声は、それを語る主体を母から祖母へ、またアルベルチーヌへと変えつつも互いにつながって増幅され、時間によって消されることがない豊かな印象ともなって主人公を導く。アルベルチーヌはピアノ演奏によって時間の流れをさかのぼってそれらの豊かな印象をつなげてみせる。アルベルチーヌに主人公マルセルは「偉大な『時』の女神」を感じるようにもなる。

そして、アルベルチーヌによってうながされるマルセルは、今度はヴァントゥイユの曲を自らもピアノで弾き、芸術創造についての深い考察をアルベルチーヌに語り始める。

スワンや、スワンと親しい仲のシャルリュス男爵のような「芸術の独身者」とは異なり、他者たちの歌を十分に受容したうえで、批判精神も働かせ、自らの創意をそこから主体的に発掘し、それをアルベルチーヌに応えるように表現し、間欠的に繰り返される呼びかけに、マルセルもようやく独自の創造的表現でもって応えようとする。スワンも恋人オデットがピアノで弾くヴァントゥイユの小楽節に「未知の魅力」を覚えはするが、ディレッタントであるスワンはその小楽節を恋の「国歌」という一義性にすぐに還元してしまい、曲の魅力を深めようとしない。

主人公の初恋の相手ジルベルトも、「スワン嬢」という苗字でなく、「ジルベルト」と呼ばれるようになると、今度はパリで主人公をファースト・ネームでもって呼ぶようになる。さらには、彼の成熟をうながすかのように作家ベルゴットの著作を主人公に貸し与える。ジルベルトはアルベルチーヌが登場する前の副次的人物だが、基本においてはアルベルチーヌと同様の重要な役割を演じていて、主人公の成長を導こうとする。このふたりとの恋はいずれも結果的には失恋に終わるが、両者の間には「深い類似性」（第六篇「消え去ったアルベルチーヌ」）が見られる。『失われた時を求めて』では恋愛も反復と変奏によって展開してゆく。

主人公マルセルは嫉妬や無力感や罪悪感にとらわれ続けるが、反面では芸術作品から強い印象を受ける。作家志望である主人公は、長いあいだ無為に日々を過ごすが、自分を導く印象を吟味し検討し、自らの独自の創作観を練り始める。偶発的な一回性の啓示が特権的瞬間によってもたらされるのではない。主人公はひとりで独創にのみ頼る形で創造的行為を始めるのでもない。審美的な内省だけが続くのでもない。

作家志望の主人公は巻末において創作を始めようと決意するが、それ以前からさまざまな形で他者たちによって創作行為へうながされ、導かれていたからだ。主人公の能動性を引き出そうとするいくつもの呼びかけは通奏低音となり、小説全編にわたって繰り返し響き、連鎖となって広がる。マルセルは、「現在の自我と、過去および未来とのすべての交流」を断ち切らないような作品を創作しようと最後に思い立つ。コンブレの町民たちも参加する共感に富んだ呼びかけによって、主人公マルセルの創意が引き出されてゆく。

間欠とは、一定の時間的間隔を置いて物事が起きることで、消えたと思われていた記憶や感情が不意に立ち返ってくることを意味する。執筆の初期段階では、プルーストは「心情の間欠」を自作の総題にしようと構想していた。

アルベルチーヌはマルセルと別れ、その直後に落馬事故によって亡くなるが、彼女のピアノ演奏はマルセルに歌いかけ、彼をうながし続ける。それに応えてマルセルは最後にアルベルチーヌを再生させ、またコンブレの生活を再創造しようとする。たとえ喪失や忘却にのみこまれ、声に悲歌のような響きがこもるようになったとしても、この広く親密な愛は相互に交わされてゆき、相手を導き高めようとする。プルーストにおける愛は、相手に合一し相手と同じ語法を繰り返すことではなく、また相手の内面を完全に熟知することでもない。

プルーストの愛において特徴的なのは、愛が最後は相手を所有することでもなく、深い欠落感に突き落とすものである反面、その根源において創造的な表現へと相手を向かわせるものだ。

こんな一節が書かれている――「われわれは愛の対象が、身体に閉じこめられ、目の前に横たわってくれそうな人間であると思いこむ。ところが、残念なことに、愛とはこの人が過去と未来に占めるあらゆる諸点において展開されるものなのだ」。『失われた時を求めて』においては、性格も、心理も、名前さえも時間の経過とともに変化する。個々の人物の終始一貫した性格やアイデンティティを定めてしまうのではなく、人物たちが互いに密に結ぶ関係性を追い、間欠的に反復され変奏されるその展開を追うと、主人公が創造へ向かい変容する動きに立ち会うことができる。

実生活においては、プルーストは一九〇五年に最愛の母を失い、その三年後に重要な「母との会話」(『サント゠ブーヴに反論する』所収)を執筆する。そして、これが後の『失われた時を求めて』創作のための重要な萌芽となる。

「マルセル」という名前は、一九二二年十一月十八日の死の前に、第五篇「囚われの女」の原稿類を校正するための時間的余裕がプルーストに与えられていたら、抹消されていたはずだとする学説があった。この説によれば、したがって語り手は無名であり、「マルセル」という名前は存在しない。プルーストは、刊本と草稿において「私」のファースト・ネームを明示するのを周到に避けたという説で、一九五九年にフランスの権威ある研究誌に発表された。この学説を発表した日本人研究者は、語り手を無名にした理由を、「プルーストが自分の限られた経験を掘り下げながら、普遍的なものに到達することを目指したためである」と書いている(「マルセル・プルースト」『集英社世界文学事典』所収)。

しかし、最近の生成研究においてこの説を覆す資料が発見された。「私」無名説発表後にさらに集められた当該箇所の草稿類の網羅的な調査・解読が進められた結果、確かに草稿帳「カイエ五三」と「カイエ五五」(一九一五)においては、この「マルセル」は消されているものの、執筆の最終段階とも言える清書原稿（一九一五－一六）においては、「マルセル」は反対に書き加えられていることが明らかになった（仏語原典新版『失われた時を求めて』第三巻 ガリマール社プレイヤッド叢書 一九八八）。

つまり、「囚われの女」において、アルベルチーヌが「無名だった主人公にマルセル」と呼びかけたとする当該箇所の私の解釈は誤ってはいなかったのであり、生成研究による新発見は私の解釈の正当性を裏付けてくれるものとなった。

字句の異同の文献学的な確認は当然必要だが、同時に小説全体の展開において名付けるという行為が持つ文学上の意味もまた考慮に入れなくてはならない。主要な人物たちにおいて新たな名付けが行われると、上述したように、それは多くの場合その人物たちが変容し、それまでとは異なる豊かな可能性をおびる契機になる。さらには、それは他の名付けの場面を生むことにもなり、大きな文脈が編まれてゆく。第五篇「囚われの女」の当該箇所の「マルセル」という名付けはそうした重要なコンテクストの一環でもある。テクストの語源は、texere（織る）であり、織物には縦糸だけではなく、横糸もそこには絡んでくるはずだ。

なお、最終第七篇「見出された時」は一九二七年に刊行されたが、その末尾にはプルースト自身の手によって「終わり（fin）」と書かれている。全編を読み通す際に支障が生じることはない。

3　ゲルマント公爵家と主人公

この長編小説では当初主要テーマとして照明を浴びて舞台前面を占めていたパリ社交界や恋愛模様が、読み進むにつれやがて少しずつその重要性を薄めてゆくが、反対にそうした全般的な流れに逆らうようにして、それまで目立たなかった脇役たちが舞台の袖から中央へと登場してくる。長く主役をはってきたものは翳り、それに代わりそれまで出番も少なく、役割も明確ではなかった端役たちが互いに関連を持ち始め、新たな役回りも得て、作家志望の主人公を創作へと導く。

十九世紀から二十世紀に移る端境期のパリ貴族階級では大きな変動が起きるが、それとともに主人公マルセルの内面にも大きな変化がもたらされる。主人公は大きな社会変動に巻き込まれ、嫉妬に苦しむ恋愛体験においてと同様、ペシミスティックな思いを深めることになるが、最後には周囲からのさまざまな呼びかけにうながされる形で、創作のためのペンを執ることを決意する。

社交界の中心となるのは、なんといってもゲルマント公爵家だ。王家とも姻戚関係を結ぶ公爵一族の権勢に富む生活がまず描かれる。しかし、次第に公爵家の型にとらわれた生活に宿る狭さや脆弱さがあばかれるようになる。小説後半では傾き始める一族の実態が残酷ともいえる筆致で明らかにされる。この長篇小説では二十世紀初頭において実際に起きたフランスの貴族階級の決定的な凋落や、それに入れ替わるように台頭する新興ブルジョワジーの繁栄ぶりも描かれる。

しかし、階級社会が批判されはするが、この長篇小説はレアリズム小説ではなく、社会風俗はかなり誇張して描かれている。大ブルジョワのヴェルデュラン家による浪費癖にしても、それは当時のフランスではまずありえない話だ。当時、フランスでは金融や土地の価格が乱高下を繰り返していて、富裕層でも誕生日に宝石を贈ったり、バカンスに高級リゾート地のお城を毎年借り出すほどの金銭的余裕など持てなかったはずなのだ（ジュリアン・グラック「終着駅としてのプルースト」）。

まず、傾き始める以前の華やかなゲルマン公爵家の生活が、パリから南西へ約百キロ離れたコンブレという小さな町の生活と対比されながら描かれる。公爵家はコンブレの教会内に六世紀以来の領主として私的礼拝堂を構えていて、その不可侵性を「父なる神」であるかのように誇る。公爵の弟シャルリュス男爵も、爵位の称号だらけの家系図をえんえんとたどってみせては、自分の家系を高貴な血統だなどと言いはなち、また自慢話の独演にふける。第五篇「囚われの女」でも、コンサートが催される裕福なブルジョワのヴェルデュラン夫人のサロンに乗り込んだシャルリュス男爵は、演奏されるヴァントゥイユの七重奏曲を「偉大なる大芸術」などと大袈裟にたとえてみせては、「司祭」よろしくその場を我が物顔で取り仕切ろうとするが、その尊大な態度は自分のサロンを「音楽の殿堂」と称して貴族階級に伍そうと目論んでいたヴェルデュラン夫人の怒りを買い、同性愛者との仲も引き裂かれ、ブルジョワのサロンから締め出される。

しかし、コンブレの教会は、そこに料理女フランソワーズやサズラ夫人やテオドールといった町民たちが出入りし、聖人たちの彫像群とも親しげに話を交わし、教会が人の住める「住居」のような様子を見せ、町民たちも教会に共感を抱くようになる時にこそはじめてその魅力を発揮する。

公爵は、ゲルマント家はヨーロッパ中に広がる高貴な家柄の起源となっているなどと主張するが、しかしその起源の場所たるや、コンブレのはずれのひなびた共同洗濯場でしかない。そもそも、プルーストは家系図のように、時系列の経過を連続体として把握し、理解しようとすることを嫌っていた。『失われた時を求めて』のタイトルを当初は「心情の間欠」にしようと構想していたことからも理解できるように、彼にとって時間は一定の間を置いて断続的に進むものだった。いわゆる無意識的記憶も小説全編に渡って間欠的にしか起きないし、主人公も巻末で自分は「間欠的な人間」であることを意識する。

こうしてゲルマント公爵家とコンブレの町の素朴な生活は対照的に対置させられてゆくが、公爵家の生活よりもコンブレの町の生活のほうが実は生彩に富んでいるし、その後の小説の展開により深く関わってくることが暗示される。一方、ゲルマント公爵家の一見華やかな日常にはその下に伝統墨守の頑迷さや虚栄心が隠されていて、開かれるサロンにおいては対話もしばしばギクシャクしたものになる。

第三篇「ゲルマント家のほう」で主人公一家はコンブレからパリ中心の貴族街サン＝ジェルマン街に引っ越し、ゲルマント公爵家の館とは中庭をはさんだ正面にあたるアパルトマンに住み込む。コンブレで見かけて以来、あでやかで美しい公爵夫人に憧れる主人公は、そのサロンに招き入れられ、古い民謡の響きの交じる夫人特有の発音や、才気をひけらかす彼女の発言に長いこと魅了される。しかし、次第に夫人の故意に俗っぽい口調で言い放つ機知に富む警句が、公爵夫人のしきたりにとらわれない自由な知性に基づくものではなく、引き立て役の夫の公爵や取り巻きに乗せられたものであることに気づく。公爵夫人にも一族特有の霊が取りついていて、家名に傷がつくと判断するやいなや、それまでのくだけた態度をたちどころに硬化させ、無愛想で横柄になる。女優ラシェルが世間で評判をとるや、彼女の才能を見出したのは自分だとばかり公爵夫人はラシェルをサロンに招きはする。しかし、そのユダヤ人女優にゲルマント公爵家の基準に照らして容認できない点があると見てとると、公爵夫人はたちまちラシェルの朗誦の才能を否定し、「ラシェル」という芸名ではなく「あの子」と侮蔑的に呼び始め、サロンから排斥してしまう。主人公は最後には公爵夫人の皮相で偏った芸術受容に失望し、怒りをおぼえるようにもなる。パリの大きな館には蔵書が並べられたプライベートな図書室が設けられていることがあり、公爵家の館もその一例なのだが、公爵夫人の型通りの狭い知性は、「豪華絢爛たる城館」内に構えられた「時代錯誤で不完全」な「知性を育むことができない図書室」にたとえられることにもなる。

サロンで親密さを誇示しようとしてガラルドン侯爵夫人は、ゲルマント公爵夫人（当時はレ・ローム大公妃だった）に「オリアーヌ」とファースト・ネームで呼びかけるが、公爵夫人は自分との親密度を誇示するその態度を馴れ馴れしすぎると感じ、答えようともしない。爵位のついた重々しい苗字で呼ばれるのがお好きなのだ。このため、公爵夫人は公爵という爵位の優位性にこだわるあまり、ガラルドン侯爵夫人宅で開かれるモーツァルトのコンサートへ招かれる機会を自ら失う。これはファースト・ネームで呼ばれて、芸術受容へと導かれる主人公とは対照的な態度だ。

主人公の書棚の本のほうは、アルベルチーヌや使用人によっても借り出され、読み込まれていて、彼の書棚のほうは人に知的刺激を与える開放的な場として活用されている。貧しい孤児であった恋人アルベルチーヌも主人公の書架に置かれていたドストエフスキーを読み込み、また画家エルスチールや作曲家ヴァントゥイユからも多くのことを学び取り、精神的な成長をとげてゆく。主人公の書棚は、公爵家の豪華な蔵書が眠る閉塞感漂う図書室とは対照的なものなのだ。なお、プルーストは、ドストエフスキーの小説『白痴』を書簡においても非常に高く評価している。

本に書かれている巧みな言い回しをすぐにおぼえ、口にするチョッキ仕立て職人ジュピアンとは異なり、暗記することができない公爵は、社交界での立場を自ら高めようとして気の利いた文をメモに書きとめ、それをサロンで読み上げる機をうかがう。彼は女性蔑視の、またドレフュス事件の際は人種差別の発言も口走る。隣人の主人公の祖母が重体におちいったときは、隣人として見舞いに来るが、早すぎるお悔やみを悲しみに暮れる主人公一家を前に口にしてしまい、社交喜劇をひとりで演じてしまう。祖母は公爵のことをのちに一言で言い当てる、「俗っぽい方」と。

自分はパリの由緒ある男爵だから本当はより高位の爵位の貴族だなどと主張するシャルリュス男爵は、親しい友人スワン――一部は若い頃のプルースト自身――と同様、偶像崇拝という狭い受け身の芸術受容を繰り返す。男爵はバルザックの革製装丁本をフェティッシュに愛蔵し、何かというと「それははなはだバルザック風ですな」などとバルザックになりかわってひとりごちる。しかし、結局のところスワンと同じような「芸術の独身者」にとどまり、作品の字義通りの受容だけで満足し、深い呼びかけやうながしを作品から聞き出し、そこから自らの真の個性を涵養し、それを他者に向かって表現することができない。なるほど才分に恵まれたシャルリュス男爵が執筆活動に打ち込むことが期待されるが、実は望まれる著作といっても、それは「無尽蔵の目録」や「生彩などまったくない連載小説」でしかない。

シャルリュス男爵はサロンで傍若無人にスカトロジックなことを口走るが、その時主人公はその傲岸不遜な態度に怒り、男爵の床に置かれていたシルクハットを踏みにじるようになる。同性愛者シャルリュス男爵は次第に苦痛常習者になり、かつて愛した美貌のバイオリン奏者モレルに似た男娼に鞭打たれる快楽を追い求め、パリの闇をうろつく。尊大でサディスティックな態度はマゾ的な姿勢へと反転する。プルーストは男性の倒錯者には女性が潜んでいると考えていた。そして世界ではじめて空爆にさらされる第一次大戦下のパリの夜をさまよう。欲望にかられ、快楽に依存する「地獄めぐり」(バンジャマン・クレミユ「見出された時」)の様相が繰り広げられる。

小説巻末では、こうしてゲルマント公爵家内外に暗い闇がたれ込める。ゲルマント大公邸の午後の集い(マチネ)に久しぶりに足を踏み入れた主人公マルセルには、社交界人士が老いという「仮装」をしているように見え、驚く――嵐に打たれる岩のような面貌と化した公爵、地層学的なまでの深いシワに刻まれた貴族、声によってしか見分けがつかなくなった旧友……。今や時間による侵食作業がいたる所で進行している。ゲルマント大公は老い、最高級の、しかし閉鎖的なジョッキークラブ会員にも選出されないし、貴族の街サン＝ジェルマン街の「居城」も手放さざるをえなくなっている。公爵の歩行は困難になり、よろめき、鐘楼よりも高い竹馬もろとも転倒しそうだ。爵位というハードルは低くなり、大ブルジョワのヴェルデュラン夫人は三度目の結婚でいつのまにかゲルマント大公夫人におさまるが、相変わらず派閥作りに余念がない。爵位や称号の継承にはどこか「悲しいもの」が感じられると最終篇「見出された時」に書かれているし、性格も社会も時間とともに変化するという文が第五篇「囚われの女」に書かれている。

驚くことに、そのサロンにはコンブレの教会を住居に変容させてみせたサズラ夫人も来ている。貴族の街サン＝ジェルマン街に「民衆的」で「田舎風」の生活が入り込もうとしている。主人公が寄稿した記事が『フィガロ』紙に掲載されたとき、公爵は雄弁な賛辞を筆者の主人公に送るが、その文面の表現たるや、コンブレの素行不良の食料品店の店員テオドールから送られてきた手紙の賛辞の表現よりもつたないものだった。すでに第三篇「ゲルマントのほう」には次のような文が予告のように書かれている――「当時のゲルマントの名は、酸素なり別の気体なりを封じ込めた小さな風船のようなものだ。それを破って中の気体を発散させれば、私にはその年その日のコンブレの空気を吸うことができる」。パリという中央とコンブレという周縁との上下関係が確たるものではなくなり、反転しそうなのだ。

社会が大きく変動し、旧弊が消滅へと向かう時代の転換期の凄みに富んだ描写が続く。しかし、この小説は社会という壁画を再現するだけでは終わらない。主人公マルセルは社会の端境期にただ立ち会うだけの傍観者でもない。しばらく前から読者はこうした厳しい現実に接しながらも、まだこれから何か重要なことがマルセルの内面で起きると思うはずだ。

そういえば、最終篇「見出された時」にはプルーストが愛読する『千一夜物語』がしばしば引用される。このアラブの物語では、主人公シェヘラザードは語り始めることによって自らを生命の危機から救い出す。作家志望の、しかしすでにかなりの年齢になった主人公マルセルも、ゲルマント大公夫人邸私設図書室の中で、小説冒頭のコンブレの就寝劇で母親によって朗読されたジョルジュ・サンドの小説『捨て子フランソワ』を見つける。マルセルは母の創造的な読み聞かせの実践を、今度は自ら語り手に変身した姿となって行おうと決意する。母は朗読をヴァントゥイユの曲に乗せるようにして行い、身をもって創意に富む読み聞かせを実践したのだ。母は主人公に向かって創意を伝えることによって、まだ幼かった主人公を創造的な反応へと導こうとしていたのだ。

直前に三回も繰り返し体験した無意識的記憶によって、最終篇巻末のパリのゲルマント公爵家図書室から第一篇冒頭のコンブレという過去へとさかのぼる流れがすでに切り開かれ、準備されている。いよいよそのコンブレで小説を読み聞かせてくれた母親にうながされる形で、マルセルは最後に母親と交代し、今度は自らが創意を発揮して語る主体になろうと決意する。そして母や、母の分身である祖母や、祖母の死後に恋人になるアルベルチーヌ、またコンブレの人びとをたんに忠実に回想し、写実的に再現するのではなく、彼らの創意にうながされる形でそうした過去に新たな意味を与えて再創造しようと決意する。「自分に湧いてくる感覚を薄暗がりから出現させ、それをある精神的等価物に転換するようにしなければならない」（「見出された時」）。

つまり、コンブレの就寝劇で母親が行った創造的な朗読を自分なりに受け継いで、過去に新たな意味を与えながら過去を救い出そうとする（ジュリア・クリステーヴァ「想像界」『プルーストと過ごす夏』所収）。また、ジル・ドゥルーズも書いている――「想起することは、創造することであり（……）、構成された個人の外側に飛び出す」ことだ（『プルーストとシーニュ　増補版』）。

ゲルマント公爵家にたいして幻滅をおぼえるし、その個人図書室も深い沈黙に包まれている。しかし、母だけでなく、多くの声にうながされる主人公マルセルは失望をおぼえつつも、表現という創造に取りかかろうとする。「一見完全に幻滅し切ったように見える一つの作品を、実は歓喜が支配している」（L・マルタン＝ショフィエ「プルーストと四人の人物の二重の〈私〉」）。新たにマルセルと名付けられた主人公は、語り手となって、過去に架橋をかけ、過去に新たな意味を付与しようとする。それまで断片的に断続的にしか聞こえてこなかった呼びかけの声は、互いに交響するようにつながり、その大きな流れは、マルセルを突き動かす。

ここでは大きなドラマが起きている。アリストテレスは、話がクライマックスに達するのは、すぐれた「再認」と、「逆転」が同時に起きる場合だと規定したが（『詩学』）、この最後の場面でもマルセルはそれまでその意味を認知することができなかった母親たちからの呼びかけの声をようやくはっきりと認知し、「再認」する。こうした再認は、同時にそれを機に華やかさを誇ったパリの失墜するゲルマント公爵家とコンブレの母親を含む住民たちの立場が「逆転」することを明らかにする。失望を重ね無為に日々を過ごしてきた無名の主人公も「マルセル」と名付けられ、ここでこれから執筆に励む語り手として「逆転」した立場に決定的に立つことになる。大きな流れは「再認」によって「逆転」し、これまでとは反対の未来へ向かって展開されようとする。

なお、小説冒頭の就寝劇のあとに、紅茶に浸したプチット・マドレーヌ菓子を口にした主人公は無意識的記憶に不意に襲われ、喜びを味わう有名な場面がある。しかし、この時の無意識的記憶はまだ十分には説明されないし、主人公マルセルがおぼえた高揚感も、孤立した一時的なものだ。そのとき、無意識的記憶は甦ってはくるものの、それはその途中で消えそうにもなる。この時、記憶は「徐々に力を失ってゆく」し、マルセルは「深刻な不安」さえおぼえる。「探求？　それだけではない。創造することが必要だ」と言う。この時点では、彼はまだ最終篇のゲルマント大公夫人邸で無意識的記憶によって習得する創作のヴィジョンを十分には自分のものにはしていなかったのだ。出来事としては劇的だし注目される場面ではあるが、「創造する」ための力をまだ十分には習得されていなかったのだ。主人公はまだ「不安」さえおぼえていて、機はまだ熟してはいなかったのだ。間欠的に起きる他の無意識的記憶を体験し、それらに共通して繰り返されるものを習得しなくてはならない。

しかし、巻末では、マルセルと巻頭の母親が、合わせ鏡のように向かい合い、創意を表現する応答を交わす。たんに対等な関係によって結ばれるコミュニケーションとしての対話だけではなく、意思疎通や相互理解が深められるのでもない。思い出された母の声は通奏低音だったのであり、マルセルを創造性という能動へと最後に強くうながす。巻末と巻頭は向かい合い、読者は今まで流れてきた長い時間をパノラマのように一望のもとに収めることになる。

『失われた時を求めて』巻頭の文「長いあいだ、私は早くから床についた」の動詞には、単純過去ではなく、複合過去形が使われている。これを小説冒頭の慣行にならって単純過去形にしてしまうと、過去は現在の関心から切り離されて対象化されてしまい、文は過去の客観的記述になってしまう。しかし、動詞を原文のように複合過去形にすると、過去の出来事と現在との両者のあいだには「生きた関係」（エミール・バンヴェニスト『一般言語学の諸問題』）が打ち立てられる。巻頭で母から発信された創意を、巻末においてマルセルはただ思い出し受信するだけでなく、母に応えてそれを自らの創意によって、母を、またコンブレを再創造する。こうした過去と現在のあいだの共感に満ちた「生きた関係」は、やはり単純過去形でなく、原文にあるような複合過去形が十全に表現することができるのだ。

こうして、『失われた時を求めて』は、近代小説に多彩で豊かな表現の可能性をもたらした。とりわけ創造の可能性が作者の個我からではなく、応答的な関係性からも生起することを教えてくれているのだ。

4　立ち広がる新しい小説世界

アルベルチーヌも、祖母も、作曲家ヴァントゥイユも、作家ベルゴットも、多くの人物が死んでゆき、喪失の悲しみは深まる。コンブレも第一次世界大戦の戦闘地域になり、戦死者が多く出る。パリもドイツ軍機による空襲に世界ではじめてさらされる。闇は深まり、黄昏めいた光が広がる。

しかし、繰り返し味わう失望や無力感の流れに抵抗し逆行するようにして、母や祖母や恋人アルベルチーヌから、またヴァントゥイユの音楽やエルスチールの絵画から、またフランソワーズの料理や衣服などといった生活で発揮される巧みな腕前からさえも、新たな創造への呼びかけが聞こえてくる。身近な所で編まれる人との関係性からでも創造の萌芽が芽生える。主人公マルセルは応答的制作に参加するように誘われる。語り手はひたすらモノローグにふけっているのではない。潜んでいる能動性を多方面から繰り返し活性化しようとするプルーストの姿勢からは、利他的で肯定的な価値観がうかがえる。

通常の小説の平均的な長さの十倍はある『失われた時を求めて』では、徐々に傾いてゆく貴族階級の消滅も描かれ、十九世紀から二十世紀にかけてのフランスの端境期の社会壁画も見ることができる。からみつくような愛と嫉妬が緻密に分析され、同性愛にも透徹した眼差しが向けられ、多くのことを知ることができる。それだけでなく、間隔をあけて回帰する時間の間欠的な展開を体験することもできる。また、声がいくつも発せられ、それは主人公に創造的な参加を呼び醒まし、反復され増幅されてゆく。それらの呼びかけの声はジャンルを問わず多くの場から発せられ、多声からなる交響体を編み、壮大なオペラのようなものに溶けこんでゆく。

多元的で大きな小説世界が構築されてゆくので、その展開を展望し、一望に収めるためには、広い視野と時間が必要になる。最終巻「見出された時」において、プルースト自身自作を読む時は、顕微鏡だけではなく望遠鏡も使ってほしいと書いている。ミクロのレベルだけにこだわるのでなく、マクロで働く動きも追えば、細部は他の細部とも関連を結び、そこからは思わぬ大きな文脈が立ち現れてくるはずだ。

失われた時という過去はなるほど甦ってはくるが、しかしその過去はまだ十全なものではない。語り手の、そして私たち読者の活発な表現行為によって、まだ未完で宙吊りでもある過去にさらに新たな側面を付与しなくてはならない。

プルーストの小説は、ともすれば類型化される傾向にあった近代小説に新しい可能性をもたらした。十九世紀の近代小説の固定化され慣例化され始めていた表現――筋立ての因果関係による展開、人物に自明のものとして与えられる不変の性格や名前、狭いジャンル分けによる分類、また規格化された時空間など――を『失われた時を求めて』は平然と押

し破っている。『失われた時を求めて』においては印象や記憶の場面がヤマ場となってい
る。個人を静止させて理知的に心理分析するだけではなく、時間の経過とともに変化する
多面的存在としてその姿を追ってゆく「時間の中の心理学」「立体心理学」をプルースト
は提唱している。

当時のフランス社会という現実にしっかりと立脚しつつも、現実をさらに大きな観点か
ら包むような舞台が構築される。小説の巻末で、プルーストは書いている――「印象だけ
で芸術作品を構成することはできない。私はそのために使用できる真実――情念や、性格
や、風俗に関する無数の真実が身うちにひしめくのを感じた」。

『失われた時を求めて』には生活の場において活発に生きる人々が登場してくる。彼ら
は、われわれ読者にも声をかけてくる。「創造する」と言わないまでも、「表現する」とい
う主体的な実践に取りかかることを読者にうながし、読者を導こうとする。われわれ読者
にも新たに表現に取りかかるように呼びかけてくる。『失われた時を求めて』は「光学機
器」のようなものだ、読者もそれを使って自分なりのものを見てほしい、とプルーストは
最後に読者に呼びかけてくる――「ひとりひとりの読者は、自分自身を読む読者なのだ」。

主人公は最後に限りなく語り手に近づき、語り手となって独自に創造的表現に取りかか
ろうとする。その時、語り手となるマルセルは、語ることで自分だけが救済されることを

考えてはいない。回想に自己満足気味に浸るのではない。過去はノスタルジーをかき立てるだけではない。

語り手は、語りかけることになる相手である読者たちについてしきりに考察をめぐらす。主人公を先回りするようにして、語り手は『千一夜物語』やサン＝シモン『回想録』を引き合いに出してこう書く――「この私が書かなければならないものはこれとは別のもので、もっと長い、もっと大勢の人たちのためのものになる」。ここでも、プルーストは自分の作品は知的で限定された読者ではなく、より多くの読者たちによって読まれるものだ、とする。

つまり、これから書こうとしている作品は、語り手ひとりに帰属するものでもなく、作品自体も狭く自己完結するものでもない。哲学者ジル・ドゥルーズも、「前もって存在するような統一とか全体性といったものを回復する、といった見方は不可能だ」と書いている（『プルーストとシーニュ　増補版』）。語り手がこれから語り始める作品の自己完結性は、読者たちからの反応によってむしろ破られようとしている。過去がたんに思い出されるだけではなく、過去は現在とともにつながり、そこから未来に向かうベクトルが読者の創意によって作られることが求められている。

『失われた時を求めて』には、現代的な芸術観につながる面がある。たとえば、思想家ツヴェタン・トドロフは、十九世紀には芸術創造を絶対的なものと信じるあまり、芸術家も鑑賞者も人生を犠牲にしてまで芸術にひたすら奉じ、作品に自己同一することが一部で起きたことを批判する。トドロフはその姿勢を過度なものととらえ、現代の芸術は、「宗教的、または哲学的なドグマ」にされ形骸化されて受容者に強制されるものであってはならないと主張する。芸術はあらゆる人に向けられるべきものだし、提案されるべきものなのだ、と続ける。「芸術は良き仲間なのだ」（ツヴェタン・トドロフ『絶対の冒険者たち』）。

最終篇「見出された時」の文が甦ってくる――「私は言おう、芸術の残酷な法則は、人間は死ぬことであり、つまりわれわれ自身があらゆる苦しみをなめつくして死ぬことによって、忘却の草ではない永遠の生命を宿す豊穣な作品という草が生い茂ることにあるが、その草の上には何世代もの人たちがやって来ては、その下に眠る人たちのことなど気にかけず、陽気に『草上の昼食』を楽しむだろう、と」。

この文を書くとき、プルーストの脳裏には画家エドゥアール・マネの『草上の昼食』（一八六三　図像参照）が浮かんでいたはずだ。そして、このマネの『草上の昼食』は、ジョルジョーネの『田園の合奏』（一五〇九頃　図像参照）から想を得て描かれた名画だ。『田園の合奏』に描かれている裸の女性は、神話における詩歌の女神だが、音楽を演奏し、主導的な役割を演じていて、男性はその脇役として演奏に聞き入っている。

上記引用文の後半で、プルーストは芸術作品は作者ひとりの占有物ではないのだから、そこに集まる「何世代もの人たち」にも彼ら独自の昼食の宴をはることを勧めている。詩歌の女神が奏でる音楽の記憶を共有しつつも、自分たち独自の宴――神話上のものに限定されることのない宴――をはり、新たな交歓を愉しむことを勧めている。

十六世紀の神話の絵画の上に十九世紀の世俗の絵画が重層的に重なり、女神はごく普通の女性に変身している。『田園の合奏』の聖なる楽音から、昼食を囲む人たちから対話が引き出されていて、その交歓はさらに賑や

エドゥアール・マネ『草上の昼食』

ジョルジョーネ『田園の合奏』

かにされている。

『田園の合奏』に『草上の昼食』を重ねるようにして比較するうちに、私は『失われた時を求めて』もそこに並べてみたくなる。プルーストは文学と芸術が相互にジャンルを超えて刺激し合うことに深い共感をおぼえていた。そうして共感に支えられる創意は実際さらなる創意を生む。画家ピカソには、このマネの『草上の昼食』から想を得て、同じ題材から百四十枚近くの絵画を生み出している。

浅学非才のこの私まで刺激され、誘われるような気持ちになる。自分たちも『草上の昼食』に応えて、何かしら自分の表現を試みてみよう、という気持ちにさえなる。日本の管弦の宴の絵画なども参考にして、過去から交歓しあうように交響してくる流れに入って、自分も自分なりの表現を試みてみようという気持ちにかられてしまうのだ。

【コラム】プルーストの文はなぜ長いのか

『失われた時を求めて』の文章は長い。平均的な文の長さの二倍にもなることもしばしばだ。冒頭のまどろみや、それに続く小さな田舎町コンブレの描写においても、使われる表現はむしろ平明なまま静かにゆったりと文章が繰り広げられてゆく。難解な語彙や美辞麗句が連なるのでもなく、また知性による分析が続くだけでもない。

しかし、読み進むにつれ、われわれ読者はこの長い文章が、作者プルーストの精神の息遣いのようなもので構成されていて、それが間隔をおきつつも反復されてゆくことに気づくようになる。小説の主要テーマが文章の中にすでに表現されるのだ。文はそれだけで作品のヴィジョンを語っている、とプルーストは最終篇「見出された時」で述べている。文体はテクニックでも、レトリックでもない、ヴィジョンの問題だ、と。

長い文章を以下に引用して、文体というミクロでの動きが、小説全体というマクロのレベルでのヴィジョンをどのように先取りし予告しているかを具体的に追ってみよう。まず、コンブレの中心であるサン＝タンドレ＝デ＝シャン教会の鐘塔を好んで眺める祖母——母親の分身——の描写を読んでみよう。祖母はこの教会を好み、その鐘塔を見つめるが、この場面も長い文で描かれる。以下の引用文の文体分析を容易にするために、引用文中に//記号をひとつ挿入させていただく。

「お前たちはたんと笑うがいいよ。あの鐘塔は美の規則にははまっていないかもしれないけれど、でもあの奇妙な古い形が私には気に入っているの。もしあの鐘塔にピアノが弾けたら、けっしてガサガサした音は出さないでしょうよ」。祖母は塔を眺め、合掌して祈る手のように上に行くにしたがって狭まる石塔の穏やかで緊迫し熱っぽい勾配を目で追うのだったが、尖塔の溢れんばかりの気持ちと完全に一体になろうとして、祖母の視線は尖塔といっしょに飛び立つようになった。同時に、祖母は摩滅した古い鐘塔の石に親しげに微笑みかけるのだった。//そのとき、石の天辺は傾いた太陽に照らされるだけだったが、石が陽の当たる部分に入ると、とたんに光に和らげられて、まるで一オクターヴ高い所で、「裏声で」引き継がれる歌のようになり、石は一気にはるかに高く遠い所にまで駆け上がるように見えた。

八行目の//印までの前半では、祖母が主語となり、ピアノでの演奏を鐘塔にうながすかのように鐘塔に呼びかける。さらには、鐘塔に微笑みかけるだけでなく、鐘塔の気持ちと一体となってしまう。//印以降の後半では、そうした祖母からの熱い呼びかけに応えて、今度は鐘塔のほうが主語になり、歌を裏声で祖母に歌い返す。鐘塔を凝視し、高みへと飛び立つように上る祖母の視線を追い、鐘塔のほうも一気にはるかな高みにまで駆け上がろうとする。

ここで起きていることは、コンブレの生活の場と教会という異質なもの同士のたんなる取り合わせではない。祖母の周囲で繰り広げられる俗世間側からの働きかけは、教会という聖なる別世界に呼びかけ、俗なるものの生活を聖なる空間に新たにもたらす。それを機に、引用文後半では、今度は教会に秘められていた未知の新たな「裏声」という側面が引き出される。それだけにはとどまらない。文の後半では教会が、今度は行われるピアノ演奏活動に新たな「歌」という芸術的で精神的なるものを付与しようとする。

鐘塔はたんなる描写の常識的な枠組みのなかに自閉する、リアルで静止した対象にはとどまらなくなる。祖母と鐘塔は異質なもの同士であり、両者のあいだに交流が交わされるはずはないのだが、長い文中においては、祖母からの働きかけから始まる協働の動きに入り始める。「尖塔の気持ちと完全に一体」になるほど鐘塔に近づき呼びかけてくる祖母に呼応して、鐘塔のほうも反応を示し、「裏声で」歌い返し、両者は向かい合って接近するだけでなく、互いが互いを高め合おうとする。鐘塔という物質に宿っていた生命が賦活され、石は生動し、その精神上の生命が祖母に新たなものを付与しようとしている。

次元の異なる俗と聖、生と石という物質、現在と過去のあいだに厳然として従来引かれていた境界線がその双方から越境され、内と外とを隔て、それぞれ固有の領域を画してきた輪郭線が消えてゆく。われわれ読者は、確かな現実描写を読みつつも、次第に自由な想像力の展開に巻き込まれてゆく。個々の不動の事物や人間を、さらに大きく俯瞰的に包摂してしまう動的な多視点を習得し獲得する。俗なる生活と聖なる教会の双方からの働きかけによって相乗される新しい響きが増幅され、大きな相補的な時空間が共感とともに醸成されようとする。

　こうした長文は、一八七〇年代——プルーストは一八七一年生まれ——から盛んになった印象派の技法を想起させる。プルーストがしばしば引用した印象派画家モネやマネの画業においては、プルーストの引用文において立ち会った技法が共通して認められるのである。印象派の主要な新技法も、それまで描かれることの少なかった日常生活を戸外において制作することであり、また物の固有色だけに限定されない、モノ同士の相互反映を追うことにあった。その流動する様子を、補色を足して描くことにあった。したがって、キャンバスには、モノとモノのあいだを隔絶し、両者のあいだの交通を遮断するような輪郭線は引かれなくなる。印象派の絵画を見る者は、個別のモノとモノを大きく包摂する視線を習得するようになる。モノを再現しつつも、絵筆を握る者の主観性を重視する印象派は、その基本において、同時代のプルーストの描写方法を想起するものなのである。

　特徴的な長い文をもうひとつ引用したい。

　以下に引用する文も、前文と基本において同様の構文になっている。唐突で謎めいた出会いがその都度起きるシュールレアリスムの文とは異なり、同様のものが変奏されつつ反復されて文脈が形成されてゆく。その文脈をたどってゆくうちに、われわれ読者は、文中に隠されていたもの――同時に対比され相補されるもの――を次第に発見し、顕在化するように導かれる。

潜在的な形でサン＝アンドレ＝デ＝シャン教会のゴシック様式彫刻の中に予告されたものとして私が認めることのできたコンブレの人物は、カミユの店の若い店員テオドールだった。（……）ところで、はなはだよからぬ男として通っていたこのテオドールは、一方で教会を飾る彫刻にこめられた精神に満ちていて、（……）「かわいそうな病人たち」や「わたしたちのかわいそうなご主人さま」に当然ささげられるべきものとして考えられているあの尊敬の念に溢れていたので、叔母の頭を支えてその下に枕をあてがう時は、浅浮き彫りで刻まれた小天使たち、弱ってゆく聖母のまわりにロウソクを片手に大急ぎで集まってくる小天使たちの素朴で熱心な顔付きになったが、//すると教会の石に刻まれた灰色がかったむき出しの顔は冬の木立と同様にただひたすら眠りながら力を蓄え、やがてふたたびテオドールの顔のような崇高で抜け目のない無数の民衆の顔となり、熟れたリンゴの赤みで輝く顔となって人生に花咲こうとするのだった。

小天使に似る、しかし素行が悪い、きわめて俗なる人物テオドールが叔母の看病に熱心に取り組むと、テオドールは「小天使たちの素朴で熱心な顔付きになった」が、それに応じるようにして、//記号以降の後半では、反対に教会の石に刻まれた小天使たちの顔が、テオドールの顔に似た「民衆の顔、熟れたリンゴの赤み」で輝き始め、生動し、「人生に花咲こう」とする。引用した前文と同様、俗なるテオドールが聖なる世界に境界を越境して近づき、新しい聖なる精神性を体現するようになるが、その働きかけに応じて、引用文後半では今度は聖なる小天使たちが主体に転じ、俗なる世界の生命を得て、いつのまにか俗世界に打って出ようとする。反転し合う相補の動きを追うことができる。

食料品店員テオドールは、聖歌隊員で教会の地下の案内係でもあり、教会の維持にも一役買っている。こうした「二重の職業」のおかげで彼は、「普遍的な知識」の持ち主とされてもいるし、またのちに主人公マルセルが『フィガロ』紙に記事を書いたときでも、「魅力的な言葉遣い」で称賛の手紙をマルセルに送っている。このとき、テオドールには、ソートンという名前が付けられていて、素行の怪しげな店員は脱皮し、いつのまにか成長し、執筆活動を理解する人物に変容している。新たな名前で呼ばれることによって、豊かな可能性を実践する人物に変容するというプルースト特有の系譜にテオドールもここで加わることになる。

俗と聖がただ静態的に隣接しているだけではない。両者は互いに他方からの呼びかけを聞きとどめ、それに積極的に応え、自ら主体にも変容する。個々のものは、独自の固有のものにとどまることなく、より多彩で多義的な可能性をもう一方にももたらそうとしている。

プルーストの場合、この俗と聖の相互関与は、実は作者自身の一時の思いつきや幻想によるものではない。引用した前文における教会にも当てはめられることだが、フランス語の「教会」église の語源は「集会」であり、また「呼びかけ」でもあり、教会は本来自閉し閉塞する閉域ではなく、外部の俗なるものをも招き入れる、開かれた相互浸透の場所でもあるのだ。

プルーストの長い文は、協働性から生じる創造性を表現してゆくが、その一方でコンブレの教会に関心を示そうとしない人物も登場する。ゲルマント公爵家といえば、コンブレの教会内に私的礼拝室を構える由緒ある貴族だが、実はゲルマント公爵夫人はこのコンブレの教会を軽視している。『失われた時を求めて』における主要な主題は、その流れに逆行するような挿話を所々に挟みつつ断続的に展開されてゆく。

また、創意が交わされる深い応答性は間欠的に反復されてゆくが、その流れに逆行するようにして、長いモノローグもその合間に挟まれる。ソルボンヌ大学教授ブリショがふるう長広舌はその一例で、地名の語源に関する衒学的な知識を長々と披露して、主人公の地名にまつわる夢想を打ち破る。元大使のノルポワも意見を明確なものにすることを避ける紋切り型のレトリックを重ね、その長広舌でもって相手を煙に巻く。

プルーストの長い文がそれだけですでに長篇小説のヴィジョンを予告するこ

とは、次の引用文によっても例示することができる。第二篇「花咲く乙女たちのかげに」で主人公は画家エルスチールのアトリエで代表作の海洋画『カルクチュイの港』を見て、その斬新な絵に魅入られる。

（その絵を）私はゆっくりと眺めたが、その中でエルスチールは、小さな町を表すのに海の用語しか用いず、また海には町の用語しか用いていなかったが、そうすることで絵を見る者の精神を今述べたたぐいの隠喩に慣らしていった。エルスチールが自分のまわりに置いている海の絵の中でもっともひんぱんに用いられる隠喩は、まさに海と陸とを比較して両者の輪郭をことごとく取り払ってしまうものだった。同じ画布の中で黙々と飽くことなく繰り返されるそうした比較、それこそがそこに多様な形を取りながらも強力な統一を導入するもので、それが何人かの愛好家たちにエルスチールの絵が引き起こす熱狂の原因だった。

印象派の絵画を想起させる海洋画を見て、主人公は喜びを覚える。引用した文中において海と陸は協働し合うようにしていて、その両者から新たなものが生まれようとしている。このプロセスは、初めに引用した祖母と教会の鐘塔が向かい合い新たな協働が生じるプロセスの変奏とみなすこともできるだろう。

こうして、エルスチールの海辺の避暑地バルベック近くにあるアトリエで主人公マルセルは思う、ここは「新しい創世の実験室」だ、と。いずれは自分も

【コラム】 プルーストの文はなぜ長いのか

「形態の歓びに溢れる詩的認識」に到達することができるはずだ、と。マルセルは見てとる、「どの絵の魅力も描かれた事物の一種の変貌にある」こと、また「その変貌は詩で隠喩と呼ばれるそれに似通っていて、父なる神が物に命名することで物を創造したのだとすれば、エルスチールのほうは物から名前を奪い取るか、あるいは物に別の名前を与えることで物を再創造する」ことを。

コンブレの教会が、祖母やテオドールと新たな創造的な相互作用で結ばれたように、エルスチールの場合も隣接し相互依存するような海と陸は、ダイナミックで豊かな関連を結び直していて、そこからは新たなものが生起しようとしている。一時の独創とか霊感による創造ではない。共感に満ちた視点が豊かに組み合わされてゆく。

しかし、ゲルマント公爵夫妻のほうは、エルスチールの絵画を購入するものの、絵の魅力が理解できない。こうした対比的進行も変奏されつつ繰り返されてゆく。

また、引用したようなプルースト特有の長い文に慣れてゆけば、翻訳において「……である」といった断定的で理知的合理的な語尾の頻出は、この小説にはあまり適したものではないことも理解されるだろう。応答を交わしながら創造へ向かう世界を表現するためには、頻出される「である」という語尾は、あまり効果的ではない。文章の構成要素同士が互いに関連し合うことなく、分断されてしまうことが危惧される。

『失われた時を求めて』には母親と祖母が愛読したセヴィニェ夫人の往復書

簡集も含めて五十通もの手紙が登場するし、プルースト自身リセ・コンドルセ時代には学友たちと恋愛書簡体小説を試みたことがあったが、しなやかでどこか親しみのこもる長い文の翻訳文の基調は、むしろ語りの口語口調のほうにあるのではないか。例えば他者に呼びかける口承性が感じられる往復書簡の文体のほうがプルーストの原文に忠実なものになるのではないだろうか。

アントワーヌ・コンパニョンも、プルーストの文章が「くだけた書簡体の文」に近いものであり、時に口語口調に近づくことを指摘している（「時間」『プルーストと過ごす夏』所収）。

第三章　世界を旅する作家たち

世界を旅する作家たち

現代文学では、世界の都市が描かれることが多くなる。『失われた時を求めて』第一篇「スワン家のほうへ」と同年に刊行されたアポリネールの詩集『アルコール』（一九一三）巻頭の「地帯」と題された詩でも、自由な詩法で現代都市パリの活気に富む生活が、オフィスで女性が叩くタイプライターの音も含めて歌いあげられるようになる。アポリネールは二十世紀初頭の開放的なパリだけでなく、パリを取り囲む大きな世界までも縦横無尽に闊歩してゆく。

とうとう君は古ぼけたこの世界に飽いた

羊飼娘よ　おお　エッフェル塔　橋々の群羊が今朝は泣きごとを並べたてる
君はもうギリシャやローマの古風な生活に飽きはてた（……）

そうした現代都市パリをしばしば訪れたアメリカの作家ドス・パソスはハーヴァード大学出のインテリで詩を愛好する画家でもあったが、革新の意欲に溢れるパリに影響される。ドス・パソスはパリでピカソの絵画に親しみ、シュールレアリスムを準備するアーティストたちと交わった。

そうした経歴から、ニューヨークの中心に位置するマンハッタン島についての詩的な散文が生まれた。この小説ではニューヨークを生きる数十人もの人物たちが、時に万華鏡のような散文詩になって描かれている。

メキシコ湾流の霧から赤い薄明の中に流れこみ、硬《こわば》った手をした街々にわめく真鍮の喉笛を震わせ、五つの橋の桁ばりの太腿に赤い鉛を飛び散らし、港の煙の林のよろめく下で、さかりのついた猫のように鳴く引き船をけしかけて怒らせる。

春は人々の口をとがらせ、春は人々に鳥肌を立たせ、サイレンのとどろきの中から巨大な姿を現わし、爪先で立ったまま身動きもせず聞き耳をたてる家々の間で、停止した人馬の群れの中で、耳を聾する轟音とともに炸裂する。(『マンハッタン乗換駅』)

この詩的散文の前半では、現代文学で多用されるようになるサスペンスがはられていて、前半四行の文の主語は隠されている。「薄明の中に流れこ」むの主語は何なのか、「真鍮の喉笛を震るわせる」の主語は何なのか。しかしそれは引用文の後半冒頭まで読み進めないとわからない。主語を求めて推理をめぐらす読者は身を乗り出す。すると、後半の冒頭まで来て、はじめて主語が明らかにされる。主語は「春」なのだ。大都市を突き動かし攪乱させているのは、「春」なのだ。コンクリートと鉄で築かれた無機質な近代都市に、突然乱暴なまでの生の息吹きをあちこちに浴びせかけているのは、「春」なのだ。ニューヨークの冬は東京よりは寒く、そのためまるで到来の遅れを取り戻そうとするかのように、「春」は大都市に突如出現し、橋桁に荒々しくその「赤い鉛を飛び散らし」、引き船をけしかけ、はては「轟音とともに炸裂する」。近代都市ニューヨークは、原初の春の荒々しいまでの飛沫を浴びせかけられている。

この散文詩が強い印象を残すのは、対象を見る目がひとつだけに限定されず、多視点から都市が描かれているからでもある。冒頭の「湾流」から「引き船」に至るまで、港湾風景はいくつものカメラアイが切り替えられながら描かれてゆく。短い文が時系列に従わずに、いくつも並列される。海から街の「家々」まで幅広く散文は展開される。固定された一視点から時間軸に沿うように直線的に記述が単調に流れるのではない。二十世紀は時間よりも空間に関心が集まることが多くなる。しかし、従来の静止画法の遠近法という秩序や規範には従わない。都市という巨大な生きた立体は、パッチワークのように動的に多面的に組み合わされてゆく。この時期は、絵画でも立体派が台頭していた。

ドス・パソスの引用文では長い文の中央に「春」という主語が置かれているが、このことによって作品は時間に流されないものになった。この主語「春」は後半の文だけでなく、先行する前半の文にもかかることになった。写実の構文ではない。物事を消滅させることもある時間を超えて、空間的で造形的な構成が試みられるようになった。

なお、対象を多視点から描く手法は、映画のテクニックを思わせるが、いくつかのカメラを切り替えて対象を立体的に追う映画は、当時すでに市民生活の中に広く定着していた。

このドス・パソスの小説『マンハッタン乗換駅』刊行の三年後の一九二八年（昭三）に、上海という大都市の同じ港湾風景が日本人作家によって書かれた。横光利一である。小説『上海』冒頭に展開されている文も詩的散文であり、昭和初期の文芸復興期の作家横光は、ドス・パソスと同様、フランスの新しい文学運動シュールレアリスムに強い影響を受けている。横光の文を以下に引用して、ドス・パソスの引用文と比較してみたい。

満潮になると河は膨れて逆流した。火を消して蝟集しているモーターボートの首の波。舵の並列。抛り出された揚げ荷の山。鎖で縛られた桟橋の黒い足。測候所のシグナルが平和な風速を示して塔の上へ昇っていった。海関の尖塔が夜霧の中で煙り出した。突堤に積み上げられた樽の上で、苦力《クリー》達が湿って来た。鈍重な波のまにまに、破れた黒い帆が、傾いてぎしぎし動き出した。

白皙明敏な、中古代の勇士のような顔をしている参木は、街を廻ってバンドまで帰って来た。波打際のベンチには、ロシア人の疲れた売春婦達が並んでいた。


この引用文でも、映画を思わせる多視点から港湾風景が描かれ、満潮から始まり、モーターボートを経由して、街の情景まで視点はカメラアイが何度も切り替わる。文も短く、この点でもドス・パソスの引用文と共通する。視野は、「概念あるいは観念の与えてくれるものにしたがって」構成されるのではないとする横光は、ひたすら多角度から港湾風景を現場で見る。実際、彼の小説『日輪』（大十二）は映画化されたし、彼の呼びかけから、「新感覚派映画聯盟」が結成されることにもなる。

また、「モーターボート」が「蝟集する」や、「シグナル」が「昇っていった」などの文では、無生物が主語になっていて、人間や生物が主語になることが常識でもあった当時の日本人には、こうした表現は当初は新奇で、実験的なものと映ったであろう。無生物を主語に置くことができ、またメタファーを使う欧文脈の表現があえて和文脈の中に移植されていて、そこに日本語表現の新たな可能性が模索されている。日本語の表現に大胆にも新たな富を植え付けようと試みたのだ。ヨーロッパ滞在中に行った講演の中で、横光は関東大震災を取り上げて、天災が古い文化を破壊したため新しい文化が必要とされている、と述べている。すべてではないものの、こうした表現は現在では不自然なものではなくなっている。横光の当時の先端的な試みは、それを十分に咀嚼するための長い時間が必要ではあったものの、次第に新奇なものとは映らなくなっていった。

もっとも、横光の小説は抒情に流れてしまう箇所があり、緊密な構成や迫力という点ではドス・パソスにやや劣る。しかし、総体として見るならば、横光自身この小説を「最も力を尽くした」と自賛しているし、「魔都」上海の群衆の貪欲な生活欲といったものまで活写されていて、意欲溢れる傑作である。

さらに、『上海』には列強諸国の植民地主義に対する批判も、またそれに対峙するアジアにおける、時に愚直なまでになる民族主義も描かれている。こうした社会や思想、ひいては文明への言及は、横光のその後の著作においても展開されることになる。社会や文明にも考察が及ぶこの小説は、新たな表現技法が移入された実験的な作品としてのみ注目すべきではない。スケールの大きな問題意識でもって創作された小説なのである。他者たちとの関係性よりも個人の自我を写実的な文体でもって描き、大正時代に全盛を迎えた私小説的リアリズムとはすでに異なる問題意識によって執筆されたといえるだろう。

横光と同様の斬新な文章表現の模索は、同じ時期に他の同世代の文筆家たちによっても行われた。従来の写実を基調とする表現に飽き足らないものをおぼえる文学者が現れるようになった。たとえば、『上海』刊行の一年前の昭和二年に小説家で劇作家の藤森成吉の『何が彼女をそうさせたか』というタイトルの戯曲が上演されたが、当初こそ無生物である「何が」を主語にする使役表現に当惑をおぼえた当時の日本の読者も、次第にその使役表現が新鮮な印象を生むことに気づくことになった。こうした文型は現在では奇異な感じを与えなくなっている。なお、藤森は脚本執筆で得た印税収入で妻とともに渡欧し、二年間ドイツに滞在する。

当時、翻訳家で詩人の堀口大學も日本語表現に新風を吹き込んだ。フランスのポール・モランの小説『夜ひらく』の堀口訳は、横光利一を旗手とする新感覚派誕生の契機にもなったが、とりわけ同年の大正十四年に刊行された堀口の訳詞集『月下の一群』の訳文は多くの読者を魅了し、昭和に新しい詩を招いたとまで評されることになった。堀口の訳文はおおむね原文のフランス語表現に忠実で、自然に流れるものでもあったが、そこには官能的とも言える新鮮な感覚が知性に支えられつつ盛り込まれていた。私小説風の重く湿潤なレアリズムに慣れ親しんでいた読者には、堀口の訳文は瀟洒でダンディーで、めざましく斬新なものに映った。昭和の代表的な詩人三好達治も堀口の『月下の一群』から、「新しい機智——速度と省略」を教えられたと書いている（「現代詩概観」）。

堀口はまた明快な短唱詩人でもあったが、ここではジャン・コクトーの『耳』という詩の翻訳を引用しよう。

私の耳は貝の殻
海の響をなつかしむ

ほぼ同時期に、アポリネールやジャン・コクトーだけでなく、ドス・パソスや横光利一や、藤森成吉も堀口大學もそれぞれの創作活動において、慣例という規範から解放された新たな表現を模索し、斬新な創意に富む表現を自作に盛り込んだ。そして、拒絶反応を見せずに、読者たちはそうした新趣向を柔軟に受け入れた。

大正時代においては、海外の文化が移入されても、それはブキッシュな教養として直輸入されたし、翻訳された文章や複製画にひたすら沈潜することによって自らを統一するような人格がおのずと形成されるはずだと抽象的に信じられる傾向が実際にあった。いわゆる大正教養主義であり、文化・芸術の受容は東京の山の手のアッパークラスの子弟だけに限られていた。しかし、関東大震災をはさんだ直後の昭和においては、日本人による海外文化受容は受動的なものではなくなり、より幅広い観点から日本人の感性を通して行われるものに変わる。現地で直接文化活動に触れたいという願望を多くの日本人が抱くようになった。実際の社会生活から遊離した抽象的なものとして受容されることの多かった海外文化を、日本人はより具体的に、そしてより多岐にわたって受け入れ始めた。

横光自身の関心も、上海だけにはとどまらなかった。欧州航路に就航した箱根丸に一九三六年（昭十一）に乗船し、フランスのマルセイユ港に向かう一カ月の長い船旅に出る。マルセイユで汽車に乗り換えるが、その先には芸術・文化の都パリが待っている。シュールレアリスムなどの新しい文化・芸術運動の息吹にその現場において触れた。それだけではない。多様な世界情勢の展開の中にあって政治上の論議で沸き立つパリで、横光は上海滞在時におぼえた西洋と東洋との関係をさらに発展させて思索するようになる。歴史的動向にも目を向け、西洋の植民地主義や合理的科学主義の論理と、それに対峙する東洋の民族主義や自然について考察――それは時にカトリックと古神道との相剋にもなる――をめぐらすことにもなる。

フランスのマルセイユに向かう同じ箱根丸には俳人高浜虚子たちも乗り合わし、船内では句会がしばしば開かれた。一九三八年には作家野上弥生子も夫で英文学者野上豊一郎とともに靖国丸に乗船する。欧州に向かう旅費捻出のために多額の金をなんとか工面していた。しかし、不安よりもより大きな期待がふくらむ船出となった（大堀聡『日本郵船 欧州航路を利用した邦人の記録』）。

ロシア国境に近い中国東北部のハルビンからシベリア鉄道に乗り込み、モスクワ経由で長駆陸路パリに向かったのは、作家林芙美子である。行商人の娘として旅を重ねた不遇の半生を書いて大ヒットした伝記的小説『放浪記』（昭五）で得た印税収入のおかげで海外旅行に出かけられたわけだが、酷寒の車内に漂う羊の匂いにもめげず、また沿線地帯は当時満州事変が勃発していて政情不安だったにもかかわらず――「停車する駅々では物々しく支那兵がドカドカと扉をこづいて行きます」――過酷で危険な長旅を女ひとりでたくましい生活力と行動力で乗り切る。まさに林芙美子はバック・パッカーの草分けなのだが（『下駄で歩いた巴里』解説）、ただしこのバック・パッカー、ただ長旅をしただけではない。シベリアの原住民やロシア人たちや蓄音器を持ち込んだドイツ人とも交流を行い、「出鱈目なロシア語で笑わせる」。「信州路行く汽車の三等と少しも変りがありません」

(『愉快なる地図 台湾・樺太・パリへ』)。林芙美子は詩的センスに恵まれていたが、それだけではない。日本のマスメディアによって満州で行われていた情報操作というプロパガンダまで批判する。

海外の芸術家たちも日本に来るようになる。昭和七年には親日家の喜劇王チャップリンが来日し、歌舞伎俳優や落語家たちとも交流している。若い映画監督たちに自分の経験を語ったりもした。当時、東京の路上では人力車が多く走っていたが、その光景に興味を刺激されたのか、チャップリンが実際に人力車を車道で漕いでみせたという話――ウラはついに取れなかったが――も残されている。

ジャン・コクトーも昭和十一年に日本を訪れ、日本に帰国していた友人の画家藤田嗣治と再会した。訳者堀口大學の案内で見た相撲を「バランスの芸術」と称賛し、歌舞伎観劇も楽しんだ。尾上菊之助演じる『鏡獅子』から、後の映画『美女と野獣』(昭二十一)の野獣のメイクのアイデアを得たとも言われている。

国境をまたいだ双方向の文化交流が世界規模ですでに始まりだしている。一九二〇年代には、パリ、ニューヨーク、東京などの大都市において活性化された新しい芸術・文化活動が相互に刺激し合うという稀有な現象が多様な社会階層においてすでに起きている。国境を越境する文化・芸術の世界同時多発の胎動が感じられる。東京は関東大震災から立ち直り、疲弊することなく生まれ変わろうとしていた。東京の人口は五百万人を超え、ロンドン、ニューヨークに次ぐ世界第三の都市になった。民衆レベルでの交流も活発化し、昭和初頭という短い期間ではあったが、日本は二十世紀初頭の西欧モダニズムを受け入れた。震災以前に顕著でもあった根強く狭い自我意識からの脱出が図られたともいえる。

しかし、世界の大都市によっては、すでに世界大戦へ向かって進軍しようとする軍靴の響きが次第に聞こえてくる。昭和十一年の満州事変以降、陸軍統制派はすでに戦争へと走り始める。永井荷風は体制順応の文学報国会を嫌い、入会しようとしなかった稀な文学者だったが、自宅偏奇館の庭先には憲兵がひそみ、荷風の動静が探られるまでになった。

昭和初期には、長く持続することなく終わったが、昭和十年前後の文芸復興期を含み、世界に開かれた文化興隆への機運がふくらんだ。稀有で豊かな一時期だった。しかし、それはたちまちしぼみ、長く続くことはなかった。

戦時下のフランスに島崎藤村が見たもの

小説家島崎藤村（一八七二－一九四三）は、第一次世界大戦前後の混沌としたフランスに三年間滞在する。藤村はすでに『家』（明四十四）などの自伝作家として評価を得ていた。社会の偏見に苦しみつつ目覚めてゆく個人の内面を凝視する求道的作風で知られていた。しかし、『家』は家父長という旧弊に取りつかれた人の悲劇を描いたものであり、家を包む大きな時代状況を描く視座はまだ獲得できないでいた。また、藤村は実生活において姪との不倫の恋に悩んでいた。葛藤を抱え、壁に取り囲まれるような思いにとらわれ、深い危機に陥っていた。私生活に関わるスキャンダルから逃れるようにして、藤村は四十二歳の時に神戸港からフランスに向けて旅立つ。華やかな門出でも留学でもなかった。日本を後にする船上から兄に手紙を出し、姪との不倫の後始末を頼んでさえいる。

パリに着いても、朝日新聞に書き送る記事は当初は単なる旅行記に近いものだった。藤村にとってのフランスは、流行を追い珍奇なものを好む倦怠の国であり、常套句でもって描かれる国であった。しかし、第一次世界大戦戦時下（一九一四－一九一八）、空襲にさらされたパリは、惨禍から立ち直ろうとして強靭なまでの生活力を発揮していた。そうしたフランスの庶民の生活に間近から接し見聞を深めてゆくうちに、藤村の描く『仏蘭西だより』はその調子を変えてゆく。

1914 年 8 月 30 日、パリ最初の空襲、ドイツ爆撃機が 4 発の爆弾を投下した(写真はセーヌサンドニ駅構内)
法医学鑑定サービス /BHVP/ ロジャー・バイオレット

そこにはたゆまずひたむきに働き続けるフランスの職工たちや、戦地にすすんで赴こうとする芸術家たちや、農作業に励み続ける農夫たちの姿が描かれるようになる。藤村は現実に根差して生きる人々に関心を抱くようになる。自己凝視を続けてきた藤村は、庶民のたくましさを追うことによって、それまで自らのものとすることができなかった外部への視線を習得するようになる。具体的な生活の諸相は、やがて「芽をつむぎつづける力」とも表現されることになり、藤村のその後の創作活動の幅を広げる原動力のひとつになっていった。

藤村はノートルダム大聖堂にしても、そこに建立当時の中世ゴチック期の精神だけでなく、さらに遡りフランスのルーツの紀元前ガリア時代の精神の発露を見てとるようになる。大聖堂が遠い過去と重層的につながりながら建立されてきたことを知り、伝統には「死から持来たす回生の力」が潜んでいると書くようになる。フランスの文学者の中では、創造実践が伝統と連続することを論じていたシャルル・ペギーやシャルル・モーラスに関心を寄せている。遠い過去にまで遡り、長い時間のスパンで物事を俯瞰する視座は、やがて代表作『夜明け前』に据えられることになる。こうしてフランスの庶民たちの生活力や今に生きる長い伝統の力は、藤村に新たな展開をうながすものとなった。

渡仏してから一年あまりたった頃、藤村はパリから約四百キロ離れた自然豊かな地方都市リモージュに二カ月あまり滞在する。リモージュの子供たちに日本の子供の遊びなどを教えたりして、滞在を楽しむ。こうした幼い子供との無邪気な交流が、藤村に幼年時代の記憶を呼びさましたことは想像にかたくない。藤村は童話を日本ですでに五冊も出版していたが、そこにおいて物語は父親が子供に話しかけるという一方向的な形で進められていた。視点は固定してもいた。しかし、リモージュでは父親役の藤村は当地の子供たちに遊びを教えるだけではなく、子供たちからの情愛に富む反応を受けて楽しんでいる。藤村は遊びにおいて父親役である自分を見上げる子供の立場に自分自身を何度も置いてみたはずだ。常に同一の大人の役割を自らに課していた藤村は、子供たちから呼びかけられる、また反対に子供に呼びかける立場に何度も交代して身を置き直さなくてはならなかった。そうすることによって、藤村は父親を見上げるような視線が自分のうちに眠っていたことに気づく（山路昭「藤村とフランス文明」）。リモージュにおいて父子相互間の交流という新たな多様な展開へのヒントを藤村は得ることになった。子供たちと交わす無邪気な交流は強い自我からの見方に固執していた藤村を動かすことになった。それ以降、藤村は父親正樹や故郷との再会の機会を探るようになる。

自らのうちに実父正樹への深い情愛が潜んでいたことを意識し、それを顕在化しようと思い立つことになる。文明開花の首都東京に十歳の時に出たまま疎遠になっていた父正樹への情愛を意識化し、父と故郷を言葉の力で復興させてみようと思い立つ。藤村は、短いながらもリモージュ滞在が自分にとっては新たな「蘇生」のきっかけになったと書いている。小説『新生』（大八）にも、「何よりも自分は幼い心に立ち返らねばならない」という文が書かれる。

実際、『夜明け前』にはフランス滞在中に習得したものの見方が盛り込まれている。渡仏以前に執筆された『家』では小説舞台は家という狭く閉鎖的なものであり、また個人もその殻に閉じたものだったが、フランス滞在中に個的なものを包摂するより大きなものへの複眼的な新しい見方——空間と同時に時間においても——が習得されるようになり、藤村の小説世界は大きく変貌する。上京以降ほとんど帰郷しなかった藤村は、父親を含むより広い母胎としての故郷に回帰する。

『夜明け前』で描かれる明治維新は、江戸から明治へという時代区分が強行される地点ではない。短いスパンの時代区分によっては無視される中仙道馬籠宿周辺の生活が長い時間軸に沿ってたどられてゆく。「少なくとも百年以前に遡らねば成るまい」という文も書かれている。あわただしく変動する明治維新にあって列強による植民地化を防ぎ国の独立を守るのに貢献したとして、中世以来の伝統や平田国学の役割が再検討されている。長い時間をかけて国民意識が胎動し始め、その内発的な力が発揮されてゆく中で維新が起きたという考えで、日本の姿が多角度から追われるようになった。

明治維新が西欧文明からもたらされた強いインパクトによって起きたもので、日本はただその外圧を受動的に受け入れざるをえなかったとする文明論を藤村は再検討しようとする。日本は明治維新で突然めざめたわけではなく、それ以前から外圧によるものではない自然発生的な内発性が継続して培われていたという考えだ。思い起こそう、藤村はノートルダム大聖堂が建立された当時の十二―十三世紀のフランス中世の精神だけでなく、さらに遡ってフランスのルーツである紀元前の「ガリアの血を示した野生」によっても建立されたことを指摘していた。

『夜明け前』では、カメラアイが何度も切りかわる。木曽の中仙道馬籠宿周辺の庶民の生活がローアングルから活写されるようになる。野鳥を食する魅力あふれる食卓や、中仙道を京都から江戸へと下向する皇女和宮お輿入れの長い行列の生彩に富む見事な描写。和宮を無数の嫁入り道具とともに迎え入れる馬籠宿本宿側のこれまた無数の行き届いた支度。大政奉還の噂に、「ええじゃないか」と歌い踊る村人たち。野鳥の宝庫木曽で催されるアトリ食べ較べのとき、藤村は数字を濫発して、無邪気に奔放なまでに執筆を楽しんでいる。あの、謹厳なるレアリストだった藤村が、である。

官軍に追われて街道をたどり北陸にまで落ちのびようとする旧幕臣の手負いの名もない残党たち。東海道はまだ整備されていなかったから、中仙道のほうが幹線であり、それは山の中の道だが歴史が刻される街道でもあった。それぞれにおいて史実が踏まえられ、それは詩人藤村の文は想像に走ることなく平明でのびやかだ。歴史上知られた人物群だけでなく、

「下積みの人たち」、「従順で忍耐深いもの」への共感が底流している。個人の活動は家だけでなく同時に風土や共同体や歴史のいとなみによって取り巻かれているという見方は、藤村がフランス滞在中の体験によって学び取った視点だ。藤村はそれを独自に展開させ、「草叢の中」から小説を書いた。明治維新という時代の大きな変革期に右往左往する日本の姿が、中仙道を軸にして何層にも渡り一大絵巻となって繰り広げられる。

『夜明け前』という稀有の大作は昭和四年から七年かけて執筆されたが、その際馬籠宿での生活が四十年に渡って書かれている大黒屋日記などが貴重な資料として使われている。この造り酒屋当主の筆による日記によって木曽の人々の生活や風土の描写は、時間の推移にともなうものとなり現実感に富むものになった。

第二部において、平田派の国学者として王政復古という見果てぬ夢を追う主人公青山半蔵は、家運が傾いたこともあり宮司にもなるが、馬籠で生きることを決意する。しかし、新時代に託した思いも遂げられず、深い失意や悔いをおぼえ、最後は焦燥にもかられ、座敷牢で狂死する。

巻末では小説を支えてきた大黒屋日記の記述が消え、半蔵個人の悲劇がやや突出して描かれているような印象を受ける。言語化された思想や歴史観をついに持ち得なかった半蔵のおぼえる焦燥感は、個人的な危機感となり、切迫する思いとなって伝わってくる。ここには藤村自身の晩年の思いが一部に投影されている（三好行雄「『夜明け前』の反近代」）。

青山半蔵のモデルは、平田派の国学者として数奇な生涯を終えた父島崎正樹であるが、正樹は参勤交代の大名や公家が泊まる馬籠宿本陣・問屋・庄屋を兼ねる十七代目の当主だった。その複雑な内面に息子の藤村は愛情のこもる照明を当てた。

この小説は「新精神がこの国に漲る時」、「多くの人たちが胸をはずませて駆け足しても進み出ようとするやうな時」（『家』奥書）、つまり明治維新を中心に置きつつも、文明史的考察をはらみ、時に個々人の生の深みにまで踏み込み、また一方では木曽の風俗も美しく描いてゆく。それらが多声的に交響しながら展開される。この本格的な長編小説の執筆は、藤村が三年間フランスに滞在したからこそ始められたのであり、またその実を結ぶことができたのである。

『二十世紀の十大小説』で著者篠田一士は、第十章のすべてを藤村の『夜明け前』に割き、そこでこの小説の稀有な魅力を縦横に論じている。

【コラム】ヨーロッパ滞在記

ディープなフランス

一九七二年にフランス政府給費留学生試験なるものを受けたら、運よく合格。二十六歳の時にパリの高等師範学校（エコール・ノルマル・シューペリウール）とパリ第四大学大学院に在籍することになった。印象派の美術館オランジュリやルーブル美術館にしばしば歩いて通ううちに、ゴッホやレンブラントの絵画に魂を奪われるような体験をした。絵の前に立ち尽くし、原画が奥深い魅力を秘めていることを知った。画布の奥から画家の精神の息遣いというのか、声のようなものが聞こえてくるではないか。別世界に連れ去られてゆくような、生々しくもある経験を何度かした。東京にいたときは、絵は教養のため、また珍しい光景や美を味わうためだけのものだったのだが。

靴がすぐに擦り切れたが、五区の学生街カルチエラタンにある学校の男子寮から歩いて美術館を巡ったためだろうと僕は勝手に思い込んだ。ほぼ一日中靴を履く生活を始めたのだから当然の結果だったのだが、当時の僕は美術館通いのために靴がすぐ減る、と即断してしまった。

フランスでは、日本の高度経済成長が「日本の奇跡」などとして驚きをもって語られ始めていたが、ミナマタという言葉も同時によく口にされていた。ヨーロッパは中国とは陸続きということもあって昔から交易が盛んであり、ヨーロッパでアジアといえば、まず中国が挙げられてきたが、その中国の向こうから、ジャポンという小さな国が日出ずる国となって台頭してきたのだ。留学した一九七二年当時は、そんな世界の図式がヨーロッパには浸透し広がっていた。

そのうちに、日本との貿易を始めたいらしい親切なおじさんと知り合いになった。男子寮でも、「日本人と結婚したい」という物理学専攻の青年と親しくなった。「お前は俺の友人だ」と言われるようになると、フランス人の友情は厚い。

渡仏二年目の夏に、フランスのおじさんが、「バカンスを田舎で一緒に過

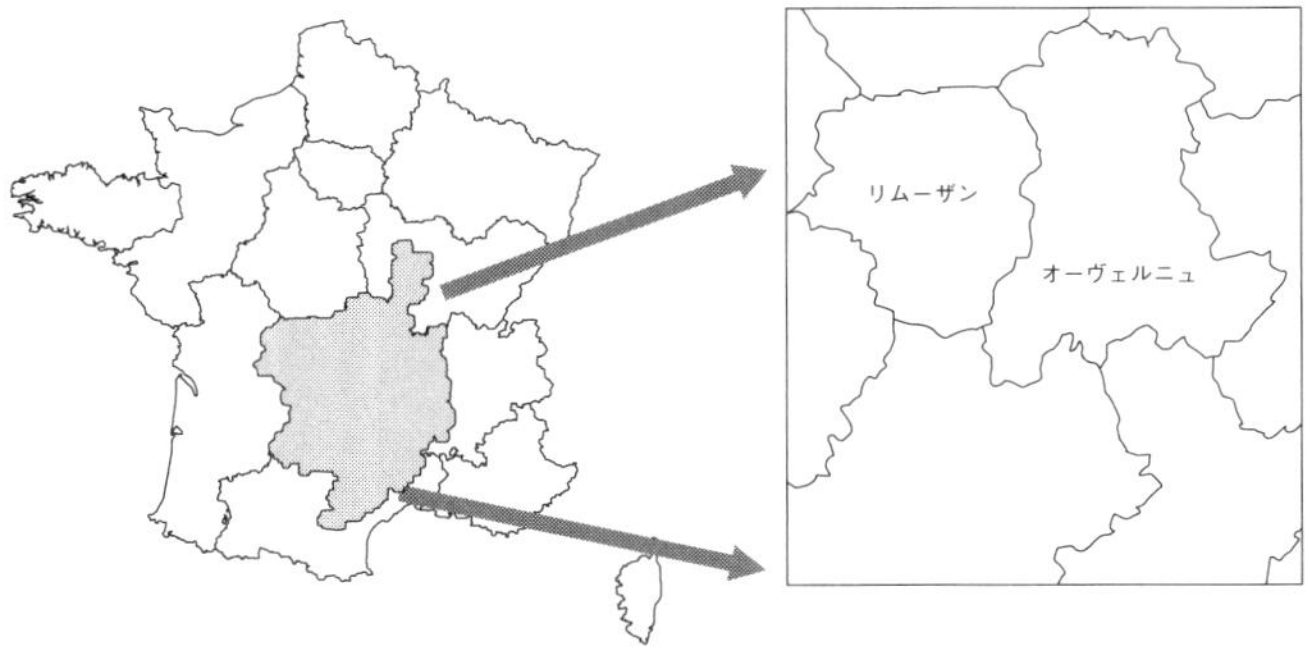

フランス中央山塊

ごそう」と誘ってくれた。もちろん、返事は即答で、ウイだ。グラン・デパール（大出発）と呼ばれる八月一日に、おじさんのシトロエンに乗って、リヨンの先の中央山塊に向けて出発。当時は日本にはまだ高速道路網もなかったし、これだ本場のバカンスは、という高揚した気分になった。中央山塊に差しかかるあたりから、同乗のフランス人がなんだかニヤニヤし始める。ハンドルを握るおじさんのフランス語がおかしいと言って、クスクス笑う。よく聞けば、おじさんの語尾に確かに抑揚がついていて、少し歌うような調子で話し始めている。中部フランスに差しかかったばかりなのに、おじさんの仏語にはもう南仏訛りが交じり始めている。パリはやはり大変な中央集権の都市なのだ。中央山塊の麓のサン＝テティエンヌという地方都市出身のおじさんは学生時代から首都パリで生活しているのに、まだパリでは少し緊張しているのだろうか。田舎出身であることにプレッシャーを感じているのかもしれない。でも、日本では東京から実家に向かう帰省途中の車内で、その人がふるさとの田舎の訛りで話し始めるなんていう話は聞いたことがない。

七百キロくらい走って中央山塊にあるおじさんの別荘に到着。おじさんの親戚が二十人以上も集まっている。フランス人は個人主義だと聞かされてきたが、なんだか大勢で楽しそうだ。夕食でなく、昼ごはんにご馳走が出される。この昼のご馳走は四時間も続く。ジョークや、ほのめかしや、あてこすり、政治談義などがえんえんと続き、僕などは四日目には疲れ、夜はコーヒーをすするだけとなる。それでも、若者たちは夜もかなりきちんと食べる。とりわけチーズは絶対に不可欠だ。

二十人以上の親戚の多くが鳩をあしらった十字架を首に掛けている。プロテスタント（新教徒）たちだ。プロテスタントには勤勉な人が多いということは知ってはいたが、実際おじさんの親戚たちは、先生や、研究者や、警察官などだ。

おじさんの甥っ子ステッフは化学専攻の学生で、人懐っこいジュードーカだ。「ジャポトー」（日本製オートバイ）は頑丈でなかなか壊れないぜ、などと話しかけてくる。二日目あたりから、もう僕に柔道の技をかけようとする。マッチョで腕が長くて力があるから、油断はできない。ジュードーカの「カ」は、どうやら「家」らしい。日本男性はみんな柔道家とでも思っているのだろうか。

チャーミングなガールフレンドが一緒だ。聞けば、地域随一の都市サン＝テティエンヌのデパートのブティックで働いている。メシュイというアラブのBBQをしても、彼女は身体の線を気にするのか、あまり食べないでみんなの騒ぎをチョッと遠くから見ている。余計なお世話だが、彼女が気まぐれでなく、心変わりしないことを願ってしまう。ジュードーカのステッフをつい応援したくなってしまう。

ジュードーカ・ステッフの妹バブーも実にフレンドリーだ。ボーイフレンドのジャノーには、少しアラブの血が入っているようだ。南仏の文化を教えようとするのか近づいてきて、自分が手掛けているソーセージ作りを身振り手振りで演じてくれる。豚の腸の膜は、こうして口で吸い込むようにして裏返して、その中に詰め物をするんだ、豚は全部食べるんだ、鼻も含めてね……。丸い目がさらに丸くなり、迫力に富んでいる。

でも、時々バブーのお父さんの元警察官が人をうかがうような鋭い目つきになって、娘のボーイフレンドのジャノーを見ることに気づく。後で誰かが教えてくれる――ジャノーはフランス領だった時期のアルジェリアに入植したフランス人で、一九六二年にフランスからアルジェリアが独立すると、本国フランスに帰還した。しかしフランス人の一部にはそうしたアルジェリアを逃れて帰還する多数の同国人を歓迎しなかったばかりか、「俺たちのパンを食べに帰ってきた」と言って差別しようとする、と。また、独立したアルジェリアから本国フランスに引き揚げてきたフランス人は、pied noir「ピエ・ノワール」黒い脚と蔑称で名指しされることもある、ピエ・ノワールという呼称は、以前地中海を巡っていた客船の釜たきの多くがアルジェリア人だったことにちなむ、とも。

滞在三日目だったか、しっかり者のおばさんが現れ、ドライブに連れ出してくれる。きっと先生ではないだろうか、テキパキとしている。実に雄弁で、僕のフランス語能力でもよく理解できる。そのうちに、「あの山はカトリック（旧教徒）だ、陰気でしょう?」などと始まる。中央山塊は十六世紀宗教戦争の戦場だったのだ。それにしても、カトリックとの戦いに敗れ、今やマイノリティになったプロテスタントは、古戦場の山でまだ今なおカトリックと対峙しようとするのか。プロテスタントのおじさんの田舎の別荘は平家の落人のような所だったのか。おばさんのカトリック憎しのプロテスタント擁護論の熱っぽさは、長いこと強烈な疑問となって記憶に残り続けたが、最近ピエール・ノラ編『記憶の場』の「宗教的マイノリティ」の項目を読んで、合点がいった。おばさんの半端ない熱っぽさの理由がようやく理解できた。一九七〇年代にアメリカのジャーナリストは同じ中央山塊を訪れて、土地の立派な未亡人に食事に招待されるが、素晴らしい山々を眺めながらそのプロテスタントの未亡人が最初に口にしたのは、「あそこは（宗教戦争の）戦場だったんです」という言葉だった。歴史家も書いている、「そこでは、宗教戦争がもたらした熱気が、二十世紀のさなかになってもほとんど衰えていない。その地方の人たちは、まだ宗教戦争当時の十六世紀の空気を吸っている」。そして、この地方で毎年夏に開かれる数千人規模のプロテスタントたちの集会は熱気で溢れ、今でも多くのフランス人たちの共感を呼んでいるという。

木靴を履いた羊飼いのおばあさんにも会うが、彼女のフランス語がまったくわからない。おばあさんは、オーヴェルニュ語を話したのだ。オーヴェルニュ語は今では約八万人しか話さなくなった、絶滅危惧種の古い地方言語だ。木靴は北のブルターニュやオランダで土産物として売られるものとばかり思ってきたが、オーヴェルニュ地方でも家畜の世話をするときにまだ履かれていたらしい。牛などに足を踏まれてもケガをしないようにするためだし、防水のためでもあったのだ。

ストライキ決行中のフランスの労働者が履いていた木靴（sabot（サボ））で

もって工場の機械を壊したことから、「サボタージュ」「サボる」という言葉が派生した。

二年連続して中央山塊に招いてもらった。古い歴史が幾重にも重層的に積み重なってまだ息づいているようだったし、そこに直近から立ち会うことができ、たんなる観光旅行では味わうことのできない貴重な体験をさせてもらった。観光ルートからははずれた地域に潜む独特の風土やいとなみに接することができた。ウィリアム・フォークナーの短編集を読んだとき、アメリカのディープ・サウスにも因習な生活が残っていることをを知って驚いたことがあったが、フランスの南西部中央山塊のディープな記憶は僕の中にまだ生き続けている。

フランスには日本にはない良さが多くあるし、またその反面、慣れ親しみたくない点もある。でも、そうした日常において日々接する現象面は、その下に広がる宗教や文化や歴史といったものを、情報や知識として知るだけでなく、生活において体験すると、はじめてより深く理解することができるようになる。フランス中央山塊での経験は、外国の文化や歴史を深く知るということはどういうことかを教えてくれる機会になったようだ。

それからほぼ半世紀経ったあるとき、東京の自宅の玄関ベルが鳴った。そこでニコニコして立っていたのは、なんとパリの高等師範で親しくなって、「日本人と結婚したい」と言っていた物理学専攻のジャン＝ルイではないか。念願かなって良きジャポネーズを見つけ、パリと東京を往復していると言う。来日するフランス人観光客のガイドをバイトでやっているが、彼らの九割はまた日本に来たいと言う、と胸を張る。話にパーセントを使うのは以前からの彼の癖でもある。しきりに、「アキオ、もっとフランスへ来い」と繰り返す。確かに、一度友人になると、フランス人は友情をすぐには忘れない。

突然、目の前に中央山塊の夜空が広がり、こぼれるまでの星々がきらめいた。東京の狭い一室に、松の木で焼いたパンの香りが立ち広がった。それだけではない。木靴をはき、地方言語オーヴェルニュ語を話し、黒服を着たお婆さんまで現れた……。

ザルツブルクのクリスマス

ザルツブルク在住の友人に招かれて、クリスマスを一緒に過ごしたことがあった。パリから夜行列車に乗って約八時間だったか。パリに比べてアルプスの北に位置するオーストリアだから、金髪で長身の人が多いはずと思って駅に降り立ったが、意外にも北に来たという感じがしない。イタリア人のような南ヨーロッパの人を思わせる体型の人が多い。長くザルツブルクに住む友人に聞くと、中世の頃ローマ帝国が南からアルプス越えをして侵入してきてザルツブルクに長く居座ったからだ、ローマの遺跡もいくつかあると言う。人口は十五万人で、こじんまりとしている。モーツァルト生誕の町だ。夏にはフェスティバルに参加する音楽巡礼者も多いはずだ。昔の看板に手を少しだけ加えて、店頭に掲げる店もある。

ザルツブルクのクリスマス・イヴは街全体が祝祭的な雰囲気を楽しもうとしているようで、素晴らしかった。夕食後、友人たちと連れ立って街を歩く。大きな教会の扉を開けてみる。とたんに中から声量豊かな大合唱が溢れる。教会の厚い石の壁でもって閉じ込められていたものが、一気にはじける。バッハの『クリスマス・オラトリオ』だ。教会内で反響していたいくつかの声部が熱気とともにどっと外に広がる。

オラトリオは二時間半続く長大なものなので、演奏途中だったが教会を後にして、また街を歩くことにする。あちこち家の窓辺に赤いローソクが立てられ、火が灯されている。部屋によっては内部がすっかり見える。家は個人のプライバシーを守る所ではなくなり、イヴの今夜はとても開放的だ。

広場に立ち寄る。有名なクリスマス・マーケットが設けられていて、賑わっている。何も買わないでひやかすだけだが、それだけでも楽しい。どうやら今歩いているのは、ザルツブルクの市民たちだけに知られている恒例の〈クリスマス・ロード〉らしい。市民たちは毎年そのコースに繰り出すらしい。

墓地にも入る。自由に中に入るコースが整備されている。雪で覆われた墓石に赤いローソクが、二本ずつだったか立てられている。闇の中で雪の白とローソクの炎の赤が鮮やかなコントラストを描き出している。墓地の死者たちにも祝祭に参加させようとする市民の心配りが、温かい気持ちにさせてくれる。生者たちも生者に呼び出される死者たちも、ともにイヴを祝おうとしているよう

バッハのクリスマスオラトリオ
URL: https://youtu.be/98UjjwzJBFE?si=CQovDFXPGubqbv-i

だ。

　街の人たちと一緒になってクリスマス・ロードをぶらついているうちに、ふたつ目の大きな教会の前に着く。大きな扉を開ける。先ほどの教会で演奏されていたバッハのオラトリオの声部が、同じように響き渡りどっと溢れる。何本かのトランペットのひときわ高く鋭い音も何台かのティンパニーの音も、石の壁を突き破るように外に響き出る。声量は音量と一体となっていて、その迫力にまたしても圧倒される。

　そのクリスマスから二年経った頃だったたか、留学生活を終え、私は東京に戻った。いくつかの大学で不安定な非常勤講師の生活を始めた。ある冬の夜、思い立ってバッハの『クリスマス・オラトリオ』のCD二枚を歌詞カードや楽曲解説がケースに付けられているのを確かめたうえで買った。なにしろ私にとっては思い切った、大きな買い物なのだ。アパートの狭い一室でCDをラジカセに入れ、最初から聞いてみる。第一部第一曲を合唱隊が高らかに歌い始める。私はCDに付けられていた歌詞カードで歌の日本語訳を追った――♪歓呼の声を放て、歓び踊れ……。

　すると、ラジカセに応えるようにして、ザルツブルクで聞いたオラトリオの豊かな声量が甦ってきて、東京の安アパートの一室に溢れた。東京の小さなラジカセで聞くオラトリオと、ザルツブルクのふたつの教会で耳にしたオラトリオが響き合うように重なった。

　この『クリスマス・オラトリオ』は、一七三四年のイヴにバッハ自身の指揮で初演されている。バッハもライプツィヒのふたつの大きな教会を往復しながらオラトリオを指揮した。バッハはひとつ目の教会でイヴの早朝に指揮を始め、午後にふたつ目の教会に合唱隊とともに移動して、第一部後半を指揮している。バッハはその後もライプツィヒのふたつの教会を合唱隊と一緒に行き来しつつ指揮し続ける。全六部の指揮を終えたのは翌一月六日だった。初演が行われたドイツのライプツィヒも、シューマンやメンデルスゾーンが名曲を作曲したヨーロッパ有数の音楽の街で、この点でもザルツブルクと重なり合う。

ライプツィヒとザルツブルクというふたつの音楽の街にあるそれぞれふたつの教会で、イヴにオラトリオが演奏されたことになる。ふたつの演奏が、二百四十年くらいの時間差を乗り越えて、またそのふたつの街のあいだに引かれている国境もまたいで行われていたことになる。私はそのことにCDに付けられていた「楽曲解説」を読んで、はじめて気づいた。

聞いたこともないオラトリオの初演の音が耳の奥で鳴り始めた。ザルツブルクで聞いたオラトリオの音が、私の想像上での初演再生に音をつけてくれる。CDで聞くオラトリオが、ザルツブルクでイヴに実際に聞いたオラトリオを呼び戻し、さらには沈黙していた初演まで呼び出そうとする。長いあいだまどろんでいたライプツィヒでの初演演奏に息が吹き込まれ、歌が立ち広がろうとする。

ザルツブルクとライプツィヒの音は混ざりあい、賑やかな時空を駆け巡る曲となり、東京のアパートの一室にまで溢れる。ザルツブルクでの響きはバッハの初演に祝祭性を与える。声部にさらに声部が加わり、響きはさらに広がろうとする。私がＣＤを再生したことが引き金となり、初演時の音響までが立ち広がろうとする。

オラトリオは教会のあいだを巡回しながら歌う聖歌隊のものではなくなり始めている。記憶が薄れて不鮮明になりかけているからか、オラトリオはふたつの教会のものでも聖歌隊のものでもなくなり始めている。

歌声はふたつの教会からはみ出し始め、まるで音漏れするようになって外の街に広がり出ようとしている。今や、街や市民たちまでが歌い始める。街までが歌を歌う。そういえば、『クリスマス・オラトリオ』はもともと世俗音楽として作曲されたのだ。教会の内部でなく、街中で演奏され合唱されてもおかしくないはずだ。教会にしたところで、本来そこは周囲の世俗的な街と隔絶された狭く閉ざされた場ではないはずだ。語源からして教会は「呼び出された者たちの集い」のことであり、その集会は街中のあちこちにおいて行われてもおかしくはないはずだ。

歌声は広がり始め、新たに他の歌を呼び醒ます。ザルツブルクでの演奏は、街の境界さえも乗り超えて広がり始める。街からさらに外へとはみ出ようとする。歌声は場所や時間という制約を超え、他の街にまで呼びかけ始める。

国境を越え時間を超えて増幅されるオラトリオは、ＣＤを再生している私の小さなラジカセにも歌いかけてくる。遠くから呼びかけてくる合唱に共鳴しようと、私の小さなラジカセも懸命に音量を上げている。私のラジカセは、彼方から響いてくるいくつもの歌声に応えて、小さいながらも全身で歌を歌い返そうとしている。アパートの狭い一室のラジカセは、繰り返し大波になって押し寄せてくるオラトリオのいくつもの歌声に、必死になって自分の歌でもって歌い返している。

私はただ安アパートでラジカセの再生ボタンを押しただけだった。しかし、小さなCD音源はザルツブルクの祝祭の歌を呼び醒ますだけではなくなった。呼び醒まされた歌声は、今度は初演の歌まで呼び起こした。波状となる音量はさらには、遠くから反転するようにして東京にまで押し寄せてきて、今度は私のラジカセにも呼びかけてくる。

増幅される大音量はまだ眠っている私の歌声まで呼び醒まそうと、いつのまにか東京の小さなラジカセに、もっと歌えと遠くから迫ってくる。

CDから流れる歌を聞くうちに、私自身も思わず知らず合唱に引き込まれてゆく。小声でもって口ずさみ始める――♪歓呼の声を放て、歓び踊れ……。

第四章　芸術

イサム・ノグチ 幻の傑作 原爆死没者慰霊碑

広島原爆死没者慰霊碑案

毎年八月六日になると、広島平和記念公園の原爆死没者慰霊碑がテレビに映し出される。それを見るたびにもうひとつの忘れ去られた慰霊碑案が私の目に浮かんでくる。実現されなかったイサム・ノグチの原爆死没者慰霊碑案（一九五二）のことだ。ノグチの幻の代表作とも評価されている。

模型を写真で見るだけだが、ノグチの慰霊碑案にはみなぎる創作力が凝縮され迫力に富んでいる。それが写真からでも強いインパクトとなって伝わってくる。四メートルのコンクリートの二本の柱がそびえ立つが、それはたくましく膨らみさらに長くなり、地下にま

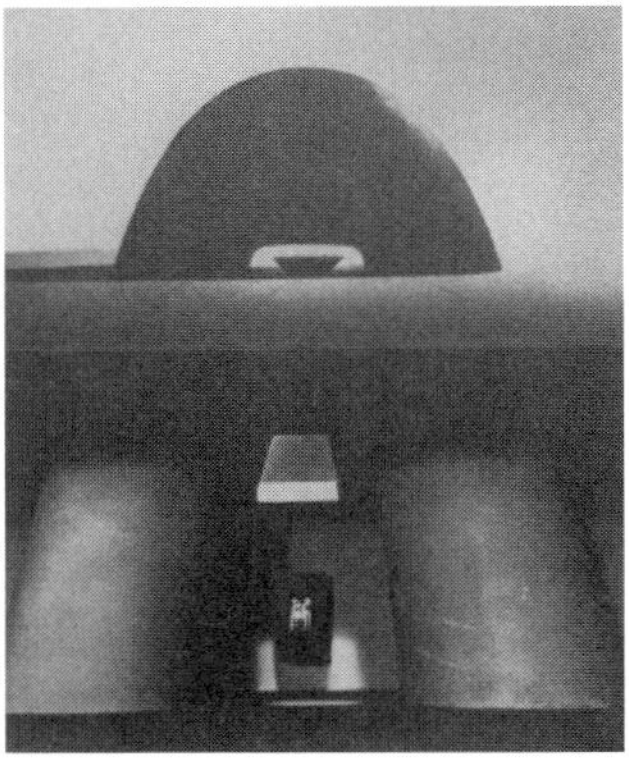
広島原爆死没者慰霊碑案 模型

で打ちこまれるはずだった。柱は女性の両脚に見えてくる。石や樹木を見ていても、ノグチはその内側を流れる生命のエネルギーを感じ取り、それを表現するが、この二本のコンクリートの円柱の物質内部にも生命的なものが脈打ち、循環し、次第に地上に向かって上昇するのが感じられる。

二本の太い脚にはさまれた所に箱が壁から突き出ていて、そこに死没者たちの名簿が収められる予定だった。こうして構成されるはずだった地下の洞穴のような空間を、ノグチはあらゆるものが還る場所だとした。また、大地の力によって死者たちが再生する場所だとした。犠牲者たちに取ってかわって現れる新しい世代のための子宮だとした。地上と地下が結ばれ、そこから生じる生成とか多産は、『ペキンダック』（一九二〇）や『誕生』（一九三二）や『レダ』（一九四二）や『クロノス』（一九四七）でもうかがえるように、ノグチが生涯追求するテーマであった。

地中に洞穴のような空間を埋めることによって空間に大地が秘める再生力を与えようとする試みをノグチはそれ以前にも構想している。アメリカのセントルイス市主催のコンペに参加し提出されたノグチの案には、その五年後に練られることになる広島の慰霊碑案の萌芽が含まれている。当時、賑わいを失い空洞化していたセントルイス市中心街の再活性化をはかるために、ノグチは中心街を地下に据えた。この案は不採用に終わり実現されなかったが、ノグチはここでもすでに大地にひそむ再生力を街の中心部に与えようと試みている。

一九五二年、ノグチは広島の慰霊碑案の模型写真を市の選考委員会に送るが、案は採択されない。彼が米国籍であることがその主な理由だった。このためノグチの良き理解者でもあった丹下健三が急遽慰霊碑の設計者として指名されることになる。丹下はノグチ案を生かす方向で設計に取りかかるが、わずか一週間で最終案を提出しなくてはならなかった。現在の慰霊碑がやや小さく、ノグチ案にあったようなパワーに欠けるのはこうした事情によるものである。

なお、『クロノス』は、慰霊碑案を連想させるものである。たくましい両脚が長くのび、その間に穴の空いた円形——ここにおいてもすでに子宮が連想される——が吊るされている。両脚は上部でアーチ型につながるが、これらは広島の慰霊碑案と共通する点である。また、題名のクロノスはギリシャ神話に登場する農業神で、体内では解体、変容、再生が行われる。この点でも慰霊碑案が想起される。

慶應義塾大学旧ノグチ・ルーム（萬來舎）

広島の慰霊碑案はその三年前の一九五〇年にノグチによってデザインされて建築された慶應義塾大学旧ノグチ・ルーム（萬來舎）をいくつかの点で思い起こさせる。

当時、三田の慶應義塾大学は空襲によって壊滅的な被害を受け焦土と化していた。病院を有する医学部のある大学キャンパスは米軍機によって徹底的に叩かれた。塾長はノグチに破壊された萬來舎再建のデザインを依頼する。ノグチの父親は詩人であり、慶應義塾大学で四十年間教鞭を取った英文学教授の野口米次郎である。幼い時からアメリカと日本を行き来してきたノグチは、萬來舎再建のプロジェクトに加わり、東と西を結ぶ文化活動に携わってきた父親と同様の仕事に自分も打ちこめば、そのことによって自分を避ける父との関係が修復されるチャンスが巡ってくるはずだと考えた。その夢を実現しようと、ノグチはそのデザインに没頭する。

ただ、ノグチ自身が語っているように、ノグチ・ルーム再建はそうした親子関係修復のためのものにとどまるものではなかった。ノグチはさらに広い観点に立ち、日本とアメリカ両国間の対立を解消するような新しい文化交流の場を塾生たちに提供しようとした。日本の若者たちを励ます機会がめぐってきたことを喜んだ。同時期に進行する広島と東京三田の大きなふたつのプロジェクトがノグチを日本から離れがたくした。それに慶應義塾大学では谷口吉郎、広島では丹下健三などの良き協力者たちの知己も得た。建築資材入手は困難な時期だった。しかし、ノグチと谷口が三田キャンパス再生に向けて働く姿からは熱気が伝わってくる（杉山真紀子『萬來舎　谷口吉郎とイサム・ノグチの協奏詩』）。

私は慶應義塾大学に教員として在籍していたとき、ノグチ・ルームを研究会後の懇親会会場（許可制・飲食禁止）として長年に渡って使用させていただいた。その体験から言わせていただくと、法科大学院の屋上に部分移設されてしまう以前の旧ノグチ・ルームの基本構造は、広島の慰霊碑案のそれと共通している。

慶應義塾大学アート・センターにより三六〇度パノラマで撮影・編集された解体・移築以前のノグチ・ルーム（室内と庭園）ムービー画像がある。

この動画で確認することが可能だが、法科大学院屋上に部分移設される以前の旧ノグチ・ルームでも、入り口を入ると正面中央に打放しのコンクリートの太い二本の円柱が天井まで立てられ、円盤状の暖炉がその間にはさまれていた。二本の柱が中心となって支える天井裏の一部にのみ照明が当てられていた。その光の一部は上部からルームにこぼれ、ルームを間接照明と

旧ノグチ・ルーム Panotour によるバーチャルツアー慶應義塾大学アート・センター URL: http://art-c.keio.ac.jp/docs/resource/noguchiroom-vr/noguchiroom.html

なってほの暗く照らしていた。天井裏のほうは明るい地上を思わせ、一方その下のノグチ・ルーム自体は地下室を思わせる落ち着いた会場に見えた。広島原爆慰霊碑案に見られる基本を、三田のノグチ・ルームにおいても確認することができた。二本の円柱とそれが囲む大きな丸い暖炉を中心にして、参加者たちが移動しながらでも自由に意見を交わすことができる空間が形成されていた。広島の慰霊碑案でも、地上の明るい光が天窓を通して地下にかすかに降り注ぐ形が構想されていた。

残念ながら、屋上に部分移転された現在のノグチ・ルームでは天井が取り払われていて、こうした照明による明るい地上とほの暗い地下との二層に渡る魅力的な演出は感じられないものとなっている。

旧ノグチ・ルームの二本の脚のあいだからは、奥に設けられた床の間が見え、そこには埴輪がひとつ置かれた。広島の慰霊碑案でも全体が家形埴輪を模したものとなっている。家形埴輪は埴輪の中でももっとも重要なもので、古墳の中心部分の上に置かれ、邪をはらい再生を願うものとされている。

ここには五十七歳で亡くなった母親レオニー・ギルモアの思い出がこめられていると思われる。ノグチは深く思慕していた母親の墓に手製の埴輪を入れている。神話などの文学や芸術への愛をノグチに吹きこんだ母親レオニー・ギルモアは、ノグチがアーチストになることを願い、茅ヶ崎に自宅を新築する際にも和風建築を選び、当時十歳くらいのノグチに大工たちの現場監督のような役割をつとめさせた。さまざま紆余曲折があったが、ノグチは両親から芸術的なるものへの愛を受けつぎ、それは彼の創作活動の基盤を支えることになった（ヘイデン・ヘレーラ『石を聴く——イサム・ノグチの芸術と生涯』）。

東西にのびる軸

この女性の両脚を思わせる二本の柱を中心に据えるノグチの慰霊碑案と旧ノグチ・ルームは、それぞれそれを中心として東西方向に軸を長くのばしている。鳥の両翼のように長くのびる軸に沿って、ノグチは自分の作品をいくつも並べている。広島の慰霊碑にしても、それだけが小さく自己完結してはいない。そこにつながる橋の東西方向にのびる欄干両端にはノグチの作品が置かれている。慰霊碑と同様、旧ノグチ・ルームもそれを中心にして東西方向に軸を広げている。ノグチ・ルームを東西方向につらぬく長い軸上には、やはりノグチの他の作品が置かれている。西にのびる軸上には『若い人』『学生』『無』が置かれた。こうした壮大な構想によって、旧ノグチ・ルームは小さいものながらも、外縁を広げ、周囲のキャンパスと密接な関連を結んでいる。こうしたスケールの大きなランドスケープのヴィジョンは、イサムの後半生の核となって彼の重要な諸作品に通底するものになる。

ノグチは、「大地を彫刻する」という表現を使った。

ノグチは調査旅行中に訪れたエジプトの古代遺跡から広島の橋の欄干の着想を得ている。エジプト神話によると、太陽を頭につけた鷹を持つ神が、毎日東から西へと船で旅を繰り返す。その神は夜になると西で死ぬが、また翌朝東から甦ってくる。この神話にならい、広島の橋の欄干の東には昇る太陽が、欄干の西には船の形をした作品が置かれた。

生と死、その後の再生という大きな観点から東と西を結ぶランドスケープのデザインは、旧ノグチ・ルームの周囲でも確認できた。ルーム東側スチールサッシのガラス引き戸越しには鉄板を組み合わせた彫刻『若い人』などがキャンパスの庭に置かれているのが見えたが、反対側の大きな西側ガラス引き戸越しには、『無』と題された砂岩の彫刻が庭の中に見えた（彫刻『若い人』はその後二度移設される）。この彫刻『無』上部には大きな円環が載り、その穴を通して落日を眺めることができた。東の若さから西の落日という死へ、しかしその後にまた東から再生が日々繰り返される。その下で塾生たちが破壊にひるむことなく新たなものに挑む活動をキャンパスでいとなむ……。ノグチは塾生たちに力強いメッセージ性に富む大きな作品をプレゼントすることになった。

肖像彫刻制作に取り組みすぐれた作品も多く残したが、ノグチは記念碑となる胸像彫刻——偉人像や寓意像——に本腰を入れることはなかった。ノグチの作品は次第に建築や造園といった公共というカテゴリーにまで広げられて造形されるようになった。デザインされるランド・スケープに配されたさまざまなオブジェの間には密接な関係が結ばれている。共同体の人びとがいとなむ生の広い場のほうが称揚され、それはひとり個人だけが偉人として顕彰される従来の記念碑とは異なる作品となった。米軍による激しい空襲にさらされ焦土と化した三田キャンパス復興に取り組んでいた建築家谷口吉郎は、ノグチが自分にとっての三田キャンパスの丘は、パルテノン神殿が建設されたアクロポリスの丘なのだと述懐したことをおぼえている。彼にとって旧ノグチ・ルームはアクロポリスの丘にそびえるパルテノンの神殿でもあったのだ。このノグチ・ルームは、現在では法科大学院新設にともなう新棟建設（二〇〇二年決定）のため、一部が切り離され新棟三階屋上部分移設されている。このため、現在ではノグチ・ルーム本来の東西の軸構成を含める全体像が把握できない状態になっている。ノグチ・ルーム東側キャンパスに置かれていた彫刻『若い人』はノグチ・ルームから切り離されて、彫刻『学生』とともに法科大学院一階エントランスに別置されてしまった。このためノグチ・ルームを中心としてキャンパスの大地に根を張るように刻されていた東西の長い軸は切断されたままの状態になっている。また、法科大学院屋上に部分移設されてしまったルーム自体も、影のない明るい空間になっている。大地から切り離され、以前の地下室を連想させる心地よいほの暗さが感じられないものとなってしまっている。ノグチの作品は本来地下と地上との二層が有機的に結ばれるべきものだし、周囲の広がりとも一体化されるべきものなのだ。

デトロイト市ハートプラザ

ノグチは、アメリカのデトロイト市が一九七一年に行ったコンペ（「ダッジ・ファウンテン」）に招待され、デトロイト市中心部再活性のために噴水のデザインを提出し、その案は審査委員会において全員一致で採択されることになる。そのデザインの基本は、広島の慰霊碑案や慶應義塾大学旧ノグチ・ルームのそれと共通する。写真からでもわかるように、ここでも九メートルの長くまるい両脚が空中で水を吹き出す円環を支えている。二本の金属の脚の間に置かれた丸い水盤からも噴水が吹き上がる。ハイテクで作動するが、子供を産む女性の両脚がここでも連想される。

コンペで採択されると、ノグチは噴水だけでなく、デトロイト市中心部の街のデザインもやらせてほしいと願い出て、これも認められることになる。吹き上がり、時に虹を架ける噴水を中心にして、北西方向にのびる軸の上に野外劇場、その正反対の南東方向の軸上にピラミッドが作られた。これもノグチ特有の東西方向に長くのびる軸構成のひとつといえるだろう。

商店街は地下に置かれ、大地が秘める活力がここでも引き出され活用されている。こうして再構築された都市の中心部には野外ステージが設けられイベントが開催されるが、主役は都市の有力者やヒーローといった特定の個人ではなく、デトロイト市という公共の共同体のために尽力する一般市民たちが想定された（松木裕美『イサム・ノグチの空間芸術』）。

ノグチは、最晩年に札幌の百八十九ヘクタールという広大な敷地をひとつの彫刻と捉えて、彼が追い求めてきた原風景をそこにデザインした。モエレ沼公園の脇に川が流れていたため、西にのびる軸は実現されなかったが、作品の核を水辺に置くことによって水が秘める生命力が活用されている。ノグチは水に潜む生命力を多用した。それまで作られてきたスケールの大きなランドスケープ「彫刻」の基本は

デトロイト市ハートプラザ

ここでも多少変形されつつも踏襲されている。直径二メートルの丸い柱が力強く組み合わされ、その真下には地下から盛り上がる子宮を連想させる丸いマウンドが顔を覗かせている。この作品においても地上と地下が有機的に一体化している。この『テトラマウンド』（制作年　一九九〇–九六）を中心として、東の方向にやはり軸がのびていて、その長い軸の上には野外ステージや、プレイマウンテンや、ガラスのピラミッドといった、三角形をモチーフとした重要な公園施設がいくつも並べて建てられた。野外ステージや舞台もノグチが好むものだった。後期の作品群の基本がここモエレ沼公園でも繰り返されている。

東京でも札幌でもデトロイトでも、大地に潜むアルカイックな力が引き出され、誕生と再生という時を超える生命力が大きな開放感のある作品に

札幌市モエレ沼公園テトラマウンド
https://moerenumapark.jp/tetra_mound/

宿るようになった。実現されていれば、広島原爆死没者慰霊碑も、そうしたノグチの根源の希求を形象する作品になったはずである。

ノグチはアイデンティティを求めて世界をさすらった旅人である。その多様な作品には独特の洗練された魅力があり、「あかり」シリーズといった工業デザインも成功した。舞台装置も手がけた。しかし、モダニズムにも抽象芸術にも長くは没頭できなかった。特定の芸術運動につき従うこともしなかった。アメリカでも敵性外国人として監視下に置かれ、日系人の強制収容所に自らすすんで入所したりもしたが、創作においても生活においても、ノグチは自分が真の意味で帰属することができる場を求め続けた。

土地に根付くようにして生まれ、土地で育てられ、その生活が繰り返されてゆく——そうして共同体を生きる人びとをノグチは羨望し、そうした生活を希求し渇望しつづけた。一九七三年に行われたインタヴュー記事の中で、ノグチは、「ぼくにとってアイデンティティが見つかるとしたら、それは芸術の中だけだと思う」と語っている。焦土と化した大地に母なるものや父なるものを盛りこみ、人びとの生活にも開かれた新たな家を作る、大地に根ざす新たな生活の原点としての作品をカテゴリーやジャンルにとらわれずに創建する——ノグチはその夢を生涯かけて追い求めた。

その夢は東京三田のキャンパスでも、デトロイトでも、札幌でも大きな作品となって実現され実を結ぶことになった。たとえ、一部のプロジェクトは幻に終わり、実現されなかったとしても。また、一部は作品として十分に維持されなかったとしても。

しかし、大地を彫刻するというノグチの夢をより十全な形での実現、あるいは展示を願うのは、私だけだろうか。

街を歩く　フィレンツェを画家有元利夫と

ローマやヴェネチアよりも、私はフィレンツェの町を歩くのが好きだ。ローマには、ローマ帝国の威容を誇る巨大な建造物が多いし、遺跡群も規模が大きい。そのためか生活の匂いがするような賑やかなおもしろい街角や広場を見つけることがややむずかしい。哲学者ベンヤミンも、「遊歩者というタイプを作ったのはパリである」（「遊歩者」『パサージュ論　Ⅲ』所収）と書き、ローマよりもパリの室内の感覚にも触れることができるパサージュのほうを好んでいる。ヴェネチアはどうか。確かに素晴らしい。でも、ヴィスコンティ監督の名画『ヴェニスに死す』から受けた印象が強く、その余韻がまだ消えないでいるので、私のヴェネチアには、十九世紀末豪華ホテルの時間が止まったような爛熟した雰囲気がたちこめている。有名なサン・マルコ大聖堂も重々しく、権力を誇示するような所が見えてくる。

ローマもヴェネチアもルネサンスに興隆期を迎えるが、フィレンツェは、小さいながらも、ルネサンス誕生期に初々しい文芸の華をいちはやく咲かせた。私はそうしたフィレンツェにもっとも惹かれる。

二十代の頃から何度かフィレンツェを訪れてきた私には、むしろ三階までの低い世俗の邸宅のほうにこの町の魅力を見つける。邸宅では、中庭が高いアーケード風列柱によって取り囲まれ、その開放的な造りは邸宅が外の町につながっていることを示している。邸宅は個人のプライバシーを囲い守るものではなく、住人は周囲の市民たちと同じ関心を共有しながら生活していたことがうかがわれる。豪商にして文化活動のパトロンで有名なメディチ家の邸宅も、なるほど家門の威光を示す紋章などで飾られてはいるが、中庭はやはり外部の都市空間とつながっていて、行事の際などは市民たちの集会場としても使われていた。

また、町の周囲に広がる小高い丘にはトスカナ地方の穏やかな風が通うが、そこに造られたヴィラ（別荘）の中には、方列状に並べられた無数の噴水からいっせいに水が噴き出る驚異の庭もある。なにしろ、大量の水が一気に吹き上がり、庭がシャワーを浴びているようなのだ。独特の形であれ、ヴィラにおいても外部の自然のいとなみが、内部の庭にまで取り込まれている。

こんな風にして、私は成功した文化都市に潜む魅力を追い求めながらフィレンツェを歩いた。そして、私の関心は次第に、五十はあるといわれる広場で繰り広げられていた多様なアトラクションや、そこに観客として参加したはずの市民たちのかつての歓声を追うようになった。当時、市民たちの識字率は上昇し、公立図書館まで設けられた。

そんな頃だった。たまたま入った東京の画廊で、アリモト・トシオという若い画家の絵画を見て、そこに強く引き込まれた。画廊に置かれていた画家紹介のパンフでもって、この画家アリモトも若い時にフィレンンツェを訪れ、町のフレスコ画に惹きつけられ、それ以降計四回はフィレンツェを訪れたことを知った。アリモト特有のフレスコ画は、フレスコ画の宝庫でもあるフィレンツェを私に思い起こさせた。

岩絵具にトルコ石やイタリアの石などを混ぜ、乳鉢ですりつぶして作った顔料を使うアリモトのザラザラする画布は、かすかに乱反射していた。絵は見るだけのものにとどまらなかった。画布は肌合いをおびていて、その感触や手触り感も伝わってきた。人物やモノは量感をはらんで、堂々と存在していた。視覚というきわめて理知的な感覚は、時にモノの表面だけをなぞり、モノを再現するだけで終わるが、アリモトのフレスコ画は、描かれているモノに質感や量感や、時に音感までも与え、そのモノの中にまで入ることを見る者に誘っていた。手でもってもまれナイフで削られた岩絵具の多様な層を通過することによって、人物は無駄なものが省かれ、素の姿になり、ゆっくりと堂々とした存在になって画布の表面に現れてくる。外形のピトレスクな表面だけを見て、それをそのまま受け入れる常識的な見方に慣らされていた私は驚いた。視覚という理知的な感覚ではなく、触覚というより原初的な感覚を通してしっかりと私の中に刻み込まれていたフィレンツェのフレスコ画が甦ってきた。

アリモトの作品にはフィレンツェの五十もの広場で演じられていた当時のアトラクションやイベントが描かれている、と私は思った。探していた肝となるピースが突然見つかったような気がした。確かに、アリモトの絵に描かれている手品師や、占い師や、楽師や、道化のアルルカンたちは、ルネサンス誕生期のフィレンツェの広場に組まれた舞台の上で自ら幕を引き、芸を演じたアノニムの芸人たち——まだ「芸術家」といった立派で高尚な呼称はなかった——を彷彿とさせるものだった。私のフィレンツェが賑やかになった。画家アリモトは私と同じようなものを探しているかもしれない、と私は思った。

それから、驚くような情報が次々に入ってきた。アリモトは、画壇のシンデレラ・ボーイと言われていた有元利夫のことで、画壇の芥川賞といわれる安井賞を受賞したが、三十八歳で他界。一九四六年生まれだから、私と同年。若くして死んだ、稀に見る才能の持ち主……。

私は、それ以降有元利夫の絵を見る機会を探り続けるようになった。絵の背後からフィレンツェの広場の往時の賑わいが立ち広がるかもしれない、と思いながら。

東京谷中で少年時代を送った有元利夫は、物作りの職人たちが多く住む町で道具や工具の使い方を教わり、根っからの「作りたがり屋」になり、手を使って物を作る工芸の楽しみをおぼえた。このためだろうか、彼の作品には、手先を器用にあやつり、驚異的なものを取り出す人物が多く描かれている。手だけが描かれたデッサンも多い。その手は巧みにトランプや花々だけでなく、光線や楽の音まで指先でやさしく捕まえ、あやつってしまう。忘れないでおこう、フィレンツェでも画家はまた工芸の人であり、彫刻などにもしばしば手を染めた。

有元の描く『室内楽』や『手品師』や『雲のアルルカン』や『道化師』や『二人のカードゲーム』などを見ていると、その背後からフィレンツェの五十もの広場で市民たちを楽しませた手品師や、ボール投げ師や、ミュージカル芸人たちが透けて立ち現れてくる。フィレンツェには、跳躍自慢の芸人たちもいたし、町の中心である花の聖母マリア大聖堂内の聖歌隊席のための浮き彫り『カントリア』（ドナテルロ作）でも、子供たちは思い思い

室内楽

のしぐさで踊り浮遊している。

中世では人物は不動であるべきで、感情表現も慎むべきという制約が課せられてきたが、時代がルネサンスに変わると、フィレンツェでは人物は自由で創造的な時空間へと飛翔し始める。有元の絵画でも彫刻でも、芸人たちは軽々と重力から逃れ空中を浮遊する。その後、遠近法が人工的に考案され、人物もモノも客観的に描かれるようになり、世界は理性によって支配されるようになる。人物もモノも遠近法に沿って地上に置かれるようになる。しかし、それまでの一時期、つまり遠近法の発明までの一時期、人やモノは空にも駆け上がろうとした。その開放された自由な動きに、私は有元の作品を通して触れることができる。

フィレンツェが秘める祝祭的な賑やかさを追体験しようとすると、有元の作品がそこへ導いてくれる。フィレンツェの町を歩けば、有元の作品の理解を深めてくれるヒントが見つかるような気がする。

　有元が早世してからもうすぐ四十年だ。最近、彼の回顧展が開かれない。東京渋谷の大きな会場「ザ・ミュージアム・文化村」で待望の大回顧展が開かれることになったが、オープニング直前になって猛威をふるうコロナ禍のために開催が見送られることになってしまった。有元の諸作品ではフィレンツェの芸人たちが、分厚いフレスコから出現して、空中を飛ぶ。その初々しい魅力にまた立ち合うことを願わないではいられない。

　こんなことを言うと、私と同年輩の有元は驚くかもしれない。でも、有元は私と同じ方向に向かって今でも歩いているようなのだ。そんな有元は私の素晴らしい精神上の友で同伴者でもある。彼は今もフィレンツェの広場を歩いているはずだ。私の道案内まで引き受けてくれるかもしれない。そして、そう私は思い込んでいるのだが、驚異の広場につながる路地の名前を有元は私にこっそりささやいてくれるはずなのだ。

【コラム】ヴォーリズ設計旧軽井沢別荘

山荘風の旧別荘を久しぶりに訪ねてみた。近親者が所有していた縁で、三十年以上毎年夏になると家族でその別荘に通った。しかし、昭和六年に建てられた木造の別荘は、骨組みこそしっかりしたものではあったが、軽井沢特有の湿気に九十年間さらされ続け、さすがに少しずつ傷み始めていた。台所の屋根などは大きく傾き始めた。

維持するにしても、二階には部屋が四つもあり、補修や管理には大きな困難が予想される。一家族で使い続けることは不可能だ。ポストモダンの先例として再評価されているアメリカの建築家ウィリアム・メレル・ヴォーリズ（一八八〇―一九六四）による設計であったために、保存することも検討しなくてはならない。となると、どうすべきか。

別荘の所有者の代替わりを機に、別荘全体を移築して保存する方向で可能性を探ることになった。しかし、一口に移築といっても、台所の屋根だけでなく窓枠なども相当朽ちてきている。補修工事だけでも相当な規模のものになるはずだ。模索や交渉は長く続いた。いっそ保存などではなく、分割してはどうかという案まで出された。しかし、ふだんはおとなしい私の妻が、この軸のぶれた案を断固として拒否した。まさに、「却下」で、一蹴した。じつは妻はその時何も口に出しては言わなかった。圧倒的な無言の、しかしとても雄弁の「否！」だった。戦時下に疎開した旧軽井沢で生まれて以来、毎年一カ月は過ごしてきた少女時代の夏の軽井沢の思い出を壊したり、食堂と居間が一体となった「グレートホール」の賑やかなさんざめきの残響を消し去るようなことはしたくなかったのだ。

大きな企業も二、三乗り出してきた。しかし、話はやはりまとまらなかった。私有という形にあくまでもこだわる所有者側から苛立った発言まで飛び出すようになった。しかし、最後の最後になって、文化財の保護や維持に関心を寄せる篤志家のような方が現れた。大きな別荘はそのまま原型をとどめる姿で中軽井沢の塩沢湖畔に移築され、全体が補修されることになった。

町民の方々が移築と補修に協力してくださった。自然石を積みあげた野趣に富む暖炉は、石のひとつひとつにま

移築された別荘

でナンバリングされたうえで搬出され、隣の中軽井沢まで運搬されていった。軽井沢の歴史文化の保存活動を行う軽井沢ナショナルトラストには本当にお世話になった。二〇〇八年に移築工事は完成した。個人の力だけではとても起きないような展開が、最後に起きた。

その後、手放した別荘にはしばらくのあいだ足を向けないでいた。というよりも、足を向ける気持ちになれなかった。旧軽井沢の碓氷峠麓の二手橋付近の初期別荘地から、中軽井沢の一般公開される施設の中に移築されれば、新しい環境の中で別荘は大きな変質をこうむるだろうし、夏の思い出そのものまでもが変容してしまうのではないか。博物館のような所に標本として置かれて、別荘はただひたすら身を縮めて眠り込んでいるのでは……。

しかし、数年おいて晩秋にひとりで塩沢湖畔に行ってみた。そこに移築されて静かにたたずむ旧別荘が遠くから目に入ったとき、抱いていた危惧など一気に消え去った。杞憂にすぎなかった。山荘風別荘は新たに湖と森に囲まれていて、今まで気づかなかったような新鮮で開放感溢れるシルエットで甦っていた。思わず息を呑み、しばらくその場に立ちつくした。

昭和六年に建てられたときは「グレートホール」と呼ばれた、居間と食堂がひとつなぎになった居心地の良い広い空間――現在この間取りは家やマンションにおいて主流となっている――の丸太大梁の天井は、湖面からの反射光によって浮き彫りにされ、新しい表情を見せていた。別荘全体に光と風がたっぷり入ってくる。石積み暖炉の野趣に富む大きな自然石は、ヴォーリズ設計の別荘

【コラム】　ヴォーリズ設計旧軽井沢別荘

が本来閉ざされたものではなく周囲の生活に溶け込むものであることを改めて語り始めている。栗の大木に隠れて見えなかった瓦屋根の緩やかな勾配も、建築家ヴォーリズが洋風建築の直接的な移入は好まず、日本の風土に適した和風の屋根のやわらかさも取り入れたことを物語っている。丸太板の外壁も、親密感漂う素朴なものだ。音を軋ませながら上った緩やかな勾配の階段の手摺りは、子供たちが滑り台としてまたがろうとした幅の広いものだったが、そのどっしり感が温かい手触りとともに甦ってくる。何層にも積み重なる和風の、また洋風の記憶が生き返り、立ち広がってきた。ちょうど、ブライダルの写真撮影のためだったのだろう、カップルが別荘の前に来てポーズをとっていたが、花嫁のドレスの長い裳裾が、足元の湖面の上に白く浮き立って見えた。

それ以降、私は折を見ては旧別荘を訪れるようになった。別荘は紅葉の時期などスケッチのスポットになっているらしく、数人の町民たちが湖畔に座り湖と別荘を描いていた。また、ある年には別荘は町のカメラ自慢の展覧会場として開放され賑わっていた。

別荘内部でいとなまれていた所有者のプライベートな生活だけが思い出されたわけではなかった。別荘は所有者個人に限られることなく外に開かれていて、周囲の自然や町民たちの生活にも応えていた。夕映えの中に溶け込む別荘は、周囲の風土と同じリズムで生を刻んでいるようだった。

山荘風別荘は、今まで気づかなかったような生彩を放っていた。建築家で宣教師でもあったウィリアム・メレル・ヴォーリズは軽井沢を好み、避暑団（現軽井沢会）副会長も務め、宣教師たちの活動を支援し、さらには町に別荘や教会なども作った。それらの簡素とも言える建築には、人々が出会い集えるような広い場がどこかに設けられている。山荘風別荘にも、使い勝手のいい、実用的な「グレートホール」が設けられた。この広い居間は日本各地に点在するヴォーリズ建築――邸宅だけでなく図書館や教室や講堂などまで――と相似形となって共鳴するものであり、そのことを私は遅ればせながら知ることになった。個人の別荘という私有物にはとどまらない、公共性も感じられるものであることに気づかされた（山形政昭『ヴォーリズの住宅――「伝道」されたアメリカンスタイル』）。

しかし、築九十年という時間のあいだには、別荘が小さく見える一時期があった。別荘が個人による所有物であることがことさらに語られる時期があった。周囲から隔絶された特権的な城館のように語られ始めた。出入りしていた旧華族たちの、伯爵だの公爵だのといった称号付きの重々しい名前がノスタルジーに浸りながらゆっくりと発音されるようになってしまった。過去がそのまま立ち戻ってきて、共犯めいた口調で語られ始めた。

そのうちに、別荘族を招待した舞踏会が催されたなどというあやしげな話までが、まことしやかに語り出された。舞踏会という言葉だけがひとり歩きを始め、さらには外においても語られるまでになった。しかし、別荘は、夢幻的なファンタズムを紡ぎ出す狭い別世界になってしまった。しかし、居間兼食堂のグレートホールは外に開かれた簡素で実用的な場であり、夜毎擦り切れたＬＰレコードのように同じことが反芻される貴種流離譚の長話には適した所ではなかった……。

長野県にはすぐれた木造建築群が建てられた（藤森照信『信州の西洋館』）。和風と洋風を折衷した旧開智学校（松本市・重要文化財）はその代表例だ。JR旧長野駅舎もその堂々とした和風大屋根が善光寺の屋根と一対となり、仏都長野にふさわしい景観が形成されていた。しかし、この大屋根も新幹線敷設にともない、軽井沢駅舎と同様、取り壊された。消えてゆく木造建築という時代の流れにあって、ヴォーリズによって建てられた旧軽井沢別荘はかろうじて生き残った。

建物についてのひとつの考えを紹介させていただきたい。哲学者ヴァルター・ベンヤミンは書いている――室内は町や風景にも拡大されることが可能だし、また逆に町や風景は室内の性格を帯びることもあり、客間のような働きをすることもある、と。つまり、室内と町・風景とのあいだの境界や区別が曖昧なものになり、両者のあいだには相互浸透が起こるし、両者が相互補完の関係に入ることがある、と論じている（『パサージュ論』）。

また、ベンヤミンの論考から展開すれば、こうも言えるだろう――写真撮影の際には、対象を間近から視点をひとつだけに絞って凝視するように撮影するだけではなく、時にはカメラを引いて視野を広くして、周囲の空気感も取り込むことも必要なのだ。個々の対象を個別にとらえているだけではなく、他の事物たちも一緒にレンズに収め、対象が他の事物たちや過去と結んでいる関係を広角レンズでながめることも必要なのではないだろうか。

絵葉書のように静かにおさまりかえっていたものが、不意に生き始めることがある。周囲のものとも生きた関係を結び始めることがある。戸建ての家も別荘も、個人の私有だけに限られない周囲と、生きた関係を結び始め、新たな生を生き始めることもあるのだ。

第五章　創作

火の鳥

東京からようやくキャンプ場に着く。友人Oの小さなワンボックスカーのカーナビが不調で、長野県に入ったあたりか、ディスプレイのマップが突然真っ白になる。道案内の標識を読み間違えてしまい、大回りする羽目になり、夕方遅くになってやっとサイトにたどり着く。テントをはり、事務所で薪の束を買う。

谷間にあるキャンプ地はすでに薄暗い。夜が迫っていて、目の前の池も月を浮かべて鈍い銀色だ。釣りはもうできない。北アルプス連峰が黒々と盛り上がっている。峠近くだからか、夏の終わりなのにもう冷気が肌を通してしみてくる。東西南北の方位が消えていて、方角がわからない。夏の主役白鳥座が天の川に大きな翼を広げたまま近づいてくる。深く低い羽音が聞こえてくるようだ。流れる風に吹かれているうちに、呼吸が深くなり、長旅による緊張が少しずつほぐれてゆく。

　Oがさっそくヘッドライトを渡してくれる。Oはほぼ半世紀ぶりに東京の路上でばったり再会した幼馴染みだ。会社勤めを終え、今では奥さんとふたり暮らしをしているが、十五年前に癌で女房を亡くした私のことを気遣ってくれたのだろうか、長野県の人里離れたキャンプ地でのテント泊と山登りにわたしを誘ってくれた。

　ヘッドライトを着けて歩いてみる。手探りをするようにしか歩けない。まるで遊泳する宇宙飛行士だ。そんなわたしを見ても、Oは少し笑うだけだ。ふたりとも寡黙でも饒舌でもなく、互いを適度な距離を置いて認め合っている。人の心理を詮索しないし、相手に過度に立ち入ろうとしない。

　キャンプのベテランOはさっそくテキパキと支度を始める。乾いた小枝を集め、焚き火の火もおこすが、着火も巧みで速い。わたしは下働きに徹するが、時々ヘマをやらかす。暗闇の中では足元が特に暗いし、サイトの地面の凸凹には注意したが、地面に転がっていた玉ネギに気づかず、それを思いっきり踏んづけてしまう。踏み剝がされたひと玉のネギからは、驚くほどの香りが水分とともにはじけ出てくる。火に煽られ、香は立ち広がり、鼻をツンと刺激する。ネギはこんなにも香るのか。「柚子存在す爪たてられて匂うとき」、加藤楸邨の句が浮かぶ。

〇もわたしも、社会の中で与えられたささやかな役割を演じてきた。組織や制度が設けてくれた舞台に立ち、そこで編まれる人間関係もそれなりの良識や熱意でもって生きてきた。もちろん失敗も犯したし、悔いも残る。しかし、そうして演じてきた表舞台から降りて、時間もたってみると、心身の衰えを感じ始めると同時に、今度は今まで送ってきた日常生活には縛られない世界、気づくことなく見過ごしてきた世界がどこかにあるかもしれない、それに触れてみようという気持ちに駆られ始めた。不可解なものとして排除してきた不思議な領域がどこか向こう側に広がっているかもしれない。

今のうちだ。終わりの始まりが、明日にでもやってくるのだ。そんな日がドアのベルを鳴らす前に、摩訶不思議なものとして避けてきたものに触れてみよう。肌のように硬く鈍くなったわたしのセンサーでも触知することができる何かがあるはずだ。

でもしかし、この年になって、潜在的な不機嫌やら、順応力欠如やらに目を留めず、高揚感だけを探そうなどと思い立ってみたところで、幻滅や疲れをおぼえるのが関の山。テント泊に山登りなど、絵に描いた餅さ。

でも、今少しの冒険なら、遅まきながら万事に用心を始めた今ならまだ可能かもしれない。

希求のようなものと、それを否定する気持ちとが、またぞろ交互に現れる。決行、いや不参加……。気持ちはあれこれ揺れ動き、もう牛の反芻となった。

東京からクーラー・ボックスに入れてキンキンに冷やして持参したビールで、Oと乾杯する。お互い勤め人の頃の習癖が抜けず、「とりあえず、まずビールで」などと信州の山奥で言う。グビグビ始める。赤ワインを抜くあたりから、時間がマッタリ流れ始める。

ロープでぐるぐる巻きにして池に沈め冷やしておいた白ワインをゆっくりとたぐる。素晴らしい手応え。ふたりとも自然に口元がゆるむ。たぐっている漁網に豊かな釣果が約束されていることに気づいた漁師たちがおぼえる手の感触もかくや、だ。

Oはスマホでひとり麻雀に興じ始めたらしい。闇を通して、マージャン用語が叫ばれる。ちょうどツモった瞬間の声が聞こえた時だった。絶叫だったので、満貫に違いない。それを打ち消して、スマホに割り込み電話が鳴る。とたんに、Oの口調がブッキラボウになる。急に無口になる。東京に残り、あれこれ心配する奥さんからの割り込み電話に違いない。相手の余計な詮索はしない、と私は先ほど言ったのに、でももう始めている……。

到着が大幅に遅れ、釣りができないと判断したOは、途中のスーパーで車を停め、鶏半分を買い込んでいた。それをさばき、燃えさかる焚き火に掛けた大鍋に放り込んでゆく。野菜や他の食材もあれこれ入れ、味噌を大事そうに取り出す。いつのまにか調味料が並べられている。薪の束は有料だが、この際焚き火にどんどんくべる。なにしろ東京では焚き火はずいぶん以前に禁止されたから、焚き火にあたるのは半世紀ぶりくらいか。豪勢に、不意に大きな音も立て、火が燃えさかる。ボッと炎が放電となってはじけ、火の粉や薪木までが勢いよく撒き散らされる。炎の奥をのぞきこむと、若い木の芽が蛇の舌のような炎に舐められ絡みつかれている。湿った焚き木からジューッと湯気が一気に噴き出る。グツグツ煮込まれる鶏鍋味噌仕立てからも、火の中に入れた焼き芋アルミホイール巻きからも香が広がる。温められた松の木が芳香性樹脂の香を加える。火と風でそれらがかき混ぜられ、混沌となって溶け合い、ゆらめく。テントのサイトは木々に囲まれているので、大きな鳥の巣がぬくもるみたいだ。時刻はどうやらテッペンか。ワインは二本目になり、その白もすぐカラになりそうだ。身体もあたりも温められ、陶然となる。

一瞬、閃光か、何かが落下して、間をおいてから、一気に上昇する。青い矢のようなものが、上下に素早く動き、草や水面が切り裂かれる。何なんだ、この異様な急降下と跳躍は。衝撃のあと、沈黙が続く。しかし、水辺で上下に青い光が走った、ということだけで、私は即断する――「今のは、水に飛び込み水中で餌を捕獲したカワセミに違いない」。

ジェージェーという、押し殺したしわがれ声がすぐ目の前でする。声と声のあいだに間があくが、なんだかこちらの出方が探られているようだ。人の声のようにも聞こえる。O

が、「カケスじゃないか」と言う。カケスには物音や鳴き声を真似る習性があり、枝打ちの作業音だけでなく、人語まで真似るそうだ。Oは鳥類図鑑に書かれていないことまで知っている。

火がゆらぎ、身体に熱がしみ込んでくる。勤労生活では視覚が酷使されたが、ここでは触覚やら味覚、嗅覚といった、視覚に比べれば、より原初的な身体感覚が活発になる。今では事典によっては人間には五感が備わっている、とはされていない。五感に新たに移動感覚と熱感覚が加えられて、七感あると数えられる、などと私はポツリとひとりごつ。今感じている気分は、「言ってみれば異邦感かな」、などとあまりよくわからないことをつぶやく。

ふたりとも酔いと眠気で、半睡になる。積み上げるようにくべた薪が崩れ、その一本は火から離れた所まで飛んだ。Oがボソッと言う、「いつか、火にくべようとして、薪を取ったら、山椒の匂いがするから、ヘンだなとは思ったけれど、気にしないでその薪をそのまま火にくべたんだ。そうしたら、とたんに山椒魚のヤツが一匹、大あわてで火の中から飛び出してきたことがあったよ。薪にくっついていたんだ。山椒魚が『火トカゲ』と呼ばれることがあるのもわかったよ」。酔眼もうろうのわたしは、既製の知識をまた披露する、「そうか、それでか、火を司る精霊サラマンドルの図像がどことなく山椒魚に似ているのは」。

くべてきた薪も尽き、火も熾になり灰になってゆくので、わたしは火吹き棒を火に突っ込み、熾に息を吹き込む。最後にもう一度炎をかき立てようと思ったのだ。すると、炎ではなく、灰が熾の高熱にあおられ、あたり一面に巻き上がった。初心者がやりそうなミスだ。

その時だった、周囲に広がって漂う灰の中に、何かが見えた。女性の薄い赤いスカーフのようなものがゆらぐ。驚いて目をこらす。赤い鳥が、一羽、音もなく灰の中に浮き、照り輝く羽をはばたかしている。たしかに、鳥だ、赤い。幻影でも幻視でもない。残り火が火吹き棒によって突然燃え盛る、その一瞬に広がる灰の中を、赤い鳥、確かに火の鳥が飛び立とうとしている。それは炎のようにゆらめき、きらめく翼で舞い上がろうとする。真っ赤に輝く、火の鳥……。

だが、その鳥の影はすぐに消える。私は火吹き棒を握りしめ、熾をかき混ぜる。顔が火照るにもかかわらず、炎をまたかき立てる。火花がほとばしる。熱風で灰が巻き上がるが、今チラッと見えた火の鳥がもう一度見たい。か弱い手でもその鳥をつかまえるのだ。手を火のほうにのばす。残された短い生に、未知の地平が不意に開かれたのかもしれないのだ……。

火の鳥はどこかに消え、驚異の美しい鳥は二度と現れない。あれは人間にはかない望みを抱かせる、火のいたずらだったのか。しかし、一瞬味わった高揚感をなんとかしてもう一度味わおうとして、わたしは食べ残しの鶏の骨をすべて火に放り込む、コップに残っていたワインも。しかし、そのたびに灰が広がるだけで、鳥がふたたび舞うことはなかった。わたしは火の鳥を飛来させようとして無謀な試みを繰り返した。

そうだ、大鍋なら先ほど飛翔した火の鳥の行方を知っているはずだ。大鍋をじっと見つめる。しかし、大鍋は何も語ろうとはしない。苛立ち始めたわたしは、鍋の美味しいスープを入れた器をそれごと大鍋目がけて投げつけた。鍋は湯気を猛烈に吹き散らし、甲高い怒りの音を立てただけだ。何も言わない。

きっとOのことだ、先ほどから焚き火の前でわたしが挙動不審の動きを繰り返していることに気づいているはずだ。わたしがさっきからしている奇妙な動きをOに聞かれる前に、こちらから先に切り出して、彼に説明するほうがよさそうだ。そうだ、リュックに入れて持参した志賀直哉の短篇『焚き火』に書かれていることと同じことをしようと準備していただけさ、と言おう。『焚き火』の登場人物たちがやったことをこれからやってみないか。おもしろそうだぞ。

Oが納得したような顔になったので、わしは短編『焚き火』のその場面を彼に声に出して読んだ。

Kさんは勢いよく燃え残りの薪を湖水へ遠く抛《ほう》った。薪は赤い火の粉を散らしながら飛んで行った。それが、水に映って、水の中でも赤い火の粉を散らした薪が飛んで行く。上と下と、同じ孤を描いて水面で結びつくと同時に、ジュッと消えてしまう。そしてあたりが暗くなる。それが面白かった。皆で抛った。

志賀直哉の充実した創作期の文だ。忠実な写実文のようだが、平板な自然描写ではない。水の上を飛ぶ薪は水面に映るだけではない。実は、薪は水中に潜んでいたものを目覚めさせ、水中のその赤いものは空中を飛ぶ火を水中で追いかけ始める——志賀直哉の文はそうも読めるはずだ。闇の背後のどこかに生の神秘が潜んでいるようで、この一文からでも緊迫感が広がった。

この文章に書かれていることを、これからふたりでやってみないか、と私はOに持ちかけた。彼はすぐにうなずく。ふたりは燃え残りの薪を池のほとりまで引きずって運び、そこから暗い水面に向かって一本一本投げ入れた。たしかに、赤い火が火の粉を散らしながら水面の上を飛ぶと、それと並行して、水面だけでなく、水中でもやはり真っ赤なものが走った。水面に火が映った、というただそれだけではなかった。闇の中では水面はところどころでかすかに小さく光るだけで、どこまでが水面で、どこからが水中なのか判然としない。水面ではなく、水中を赤いものが生きもののように走る。それは驚異的なものとなって目に焼きついた。

池にOが薪を投げたときも同じことが起きる。やはり水面に薪の火が映されるだけではなかった。闇の水中に何かが潜んでいる。それが空中の火によって意思を持つものとなって水中を走り出す。これはいったい何なんだ。

翌朝、日の出前にキャンプ地を後にした。山の天気は午前中安定することをOは知っていた。ひと汗かいて途中の峠まで登り、そこから山頂に背を向けて腰を下ろし、谷間のキャンプ地を鳥瞰するように見下ろした。平らに整備されたキャンプ場は遠く、上から見下ろすと緑の小さな飛行場だった。朝もやに包まれて点在するテントからはかすかな白い煙も立ち始めていた。

「未確認飛行物体たちだな、これは」と、O。たしかに、そう見えた。しかし、テントには生が宿っているかもしれない、そんな気配がする、と私は感じた。

やがて、背後にそびえる山頂から朝陽が湧き出た。雲間から一条の光が漏れた。太陽がさらに昇ると、朝陽は私の頭越しに背後から遠くのまだ暗い谷間に差し込んだ、太陽がさらに上昇すると、光は山のふもとのキャンプ地の中の島に近づく。朝霧で濡れる川沿いを舐めるように近づく光は、やがて手前に見える中の島を照らした。テントは強い光を浴びると、たちまち赤く染まった。水面に顔を伏せたようなテントが風に吹かれたのか、その布がそよぐ。かすかにテントが動いている。テントが朝陽を浴び、生の気配を宿すものに変貌してゆく……。

東京に帰ったあとでも、夜になるとOに返し忘れたヘッドランプを頭に装着し、狭いマンションの照明を消しテレビも消してかろうじて得られる暗闇の中をうろついた。火の鳥が、部屋の片隅にでも隠れているのではと思いながら。鳥を探して、火の鳥を。

しかし、マンションの脇の路地をすり抜けて走るタクシーが放つヘッドライトにしても、それは弱々しくマンションの壁を照らすだけだ。壁を貫いて向こう側に潜むものをあぶり出す力など持ち合わせていなかった。

そして、さすがに体験から私はわきまえるようになった――苦難に満ち、危険にさらされる長い遍歴や流離を繰り返さないといけないのだ、火の鳥が突然目の前に姿を現し、それに遭遇するためには、神話の英雄のような勇猛果敢でないといけないのだ。豪胆で、宿命を何度も跳ね返す力を持ち合わさないと、旅の途次で火の鳥に出くわすことなどありえない話なのだ。私はそう思い直した。そうだ、返し忘れたヘッド・ライトをOに早く返さなくては。

しかし、である。ある晩、私はマンションの小さな本棚から、何気なく志賀直哉の小説『暗夜行路』を手に取り、巻末の山陰の高峰大山の場面を読んだ。というか、注意散漫な態度で、大山の日の出の場面を読み出した。その箇所が有名だからという、ただそれだけの理由で。

すると途中から、次第にその最後の場面に引き込まれた。大山の場面をナナメ読みするうちに、デジャ・ヴュ感のような感覚にとらわれ始めた──「おや、この前、どこかで見たことがあるかもしれない、この光景は……」。

『暗夜行路』では、自らの複雑な出生と、失恋と、妻の犯した過ちと、子供の死に苦しむ主人公謙作はうつうつと日々を過ごす。多くの試練がふりかかってくる。小説巻末では思いきって山陰の名峰大山の登山を敢行する。しかし、登頂できずに下山する途中に同行者たちとはぐれ、疲労困憊に陥った主人公謙作は動けなくなり、大山の山頂を背にして山の中腹でうずくまる。遠くの眼下には、米子の町も境港もまだ夜の灯りをつけている。外《そと》海《うみ》と言われる日本海もまだ鼠色に沈んでいる。しかし、そのうちに背後から朝陽が昇り始め、さまざまなものが動き始める。

明方の風物の変化は非常に早かった。少時して、彼が振返って見た時には山頂の彼方から湧上がるように橙《だいだい》色の曙光が昇って来た。（……）四辺は急に明るくなって来た。

中の海の彼方から海へ突出した連山の頂が色づくと、美保の関の白い灯台も火を受け、はっきりと浮かび出した。間もなく、中の海の大根島にも陽が当り、それが赤鱏《あかえい》を伏せたように平たく、大きく見えた。村々の電灯は消え、その代わりに白い烟が所々に見え始めた。

背後の山頂から頭越しに差し込む朝陽を浴びると、眼下に広がる大根島も、灯台も、村々も、米子の町も深い闇から目覚め、生動する。特徴的なことは、それらの事物が文章においては主語になり、能動的になることだ。

それに、それらの主語には通常では助詞「は」がつけられるが、ここでは助詞「が」がつけられている。「が」は、「は」とは異なり、新しい情報を読者にもたらす――「曙光が」、「村々の電灯が」、「大山が」、「烟が」。無生物の事物が文章の主語になり、さらにその主語に助詞「が」がつけられることによって、事物までがただ観察の対象として描写されるだけでなく、能動的な動きを始めている。周囲の事物が人と同じように覚醒し、意思を持つもののように動作を始める様子に謙作は驚いて見入っている。自然の中に潜んでいたさまざまなものが闇から生起し、自分に働きかけてくるのに謙作は驚く。

何度も繰り返し大山の光景を読み直した。

太陽を背にする大山は、「大きな動物の背」として仰ぎ見られるが、その影は眼下の中の海に「地引網」となって投げ入れられる。網はゆっくりとたぐられてくる。朝陽を浴びて赤鱏に変貌する大根島は、その地引網によって捕獲されるように読める。朝陽がさらに昇ると、大山の影である「地引網」は大山のふもとまで近づいてくる。地引網は、海岸線を平然と大きな力で乗り越えてきて、手前のほうにたぐられてくる。

謙作は灯台や赤鱏と化した大根島までも包み込んで自分の足もとにまで近づいてくる地引網の動きを見るうちに、「或る感動」をおぼえる。山の中腹でうずくまる謙作もその地引網の引き手たち――漁師たちや村人たち――の中に加わる。謙作も周囲で生のいとなみを始める事物や漁師たちに刺激されて、体調を崩し衰弱しながらも、自らも地引網をたぐろうと手を網のほうにのばす……。

大自然の中に合一し、その美を享受し観照し、陶酔感に浸り、安心立命をおぼえるといった従来の自然観とは違う。より力動的なものがさまざまな所から生起するようだ。深い闇に閉ざされていた自然だけでなく、「村々」も「米子の町」も「灯台」も覚醒する。生動する光景に呼応するようにして、謙作の精神も新たな息吹を得て、再生するように感じられる。

その場面を読みながら、スケールこそ小さいものだったが、長野県の山の中腹からキャンプ場を見下ろしたとき、朝陽を浴びたテントがやはり赤い生きものに変わったことを思い出した。テントに生の気配が宿ったことを。

その前夜のテント泊の夜でも、似たようなことが起きた。志賀直哉の短篇『焚き火』をまねて池に燃える薪を放り投げたときも、その軌道に並行して水中を赤いものが生きもののように走った。

大山の場面でも、地引網が海上ではなく、海中深く赤鱏を探るように読める。ここでも関心は、水面という表面だけにはとどまらない。その下の水中を何かが動き、走る。

帰京してから一週間たった頃、わたしはOに電話をかけた。キャンプと登山に誘ってくれたことの礼を言い、ヘッド・ライトを返し忘れたことを詫びたが、最後はやはりいつもの居酒屋で会って話そう、というか呑もうということになった。

わたしは、Oからアドバイスが聞きたかった。ワンタッチの超軽量ソロテント、大山中腹から朝陽に染まる大根島を動画撮影するスマホ用三脚アダプター、それに超望遠のズームレンズ、そのそれぞれについて、０からアドバイスをもらいたかった。

そう、わたしはすっかり乗り気になってしまっている。中の海の大根島が赤鱏に変貌する現場に大山中腹から実際に立ち会いたいのだ。

わたしの想像は止まらなくなっている。ある日、赤鱏と化した大根島から、突然一羽の鳥が、鼠色に沈む日本海に広がる朝焼けの真っ只中に舞い上がるはずなのだ。

というのも、『出雲国風土記』の「地名の由来」という項目に、大根島という地名はタコをくわえた大鷲が島に飛来したことに由来する、と書かれているではないか。この大鷲の記述を読んで、わたしの想像はさらに弾みがついてしまった。今や、タコをくわえる大鷲までが、スプリング・ボードになって、私に新たな局面を切り拓かせようとする。

それに、大根島は小さくとも火山だということも知った。大根島はもはや赤鱏と化す島だけではない。タコをくわえる大鷲が飛来する島でももはやない。いつか、地中と海中で火山のマグマに熱せられて、大根島はたんに生の痕跡が残る島ではなくなり、その殻は破られ、島はさらに脱皮し、秘めてきた未知の生態を新たに多彩に繰り広げる生の舞台と化している。想像のギアは、一段、いや二段くらい上がってしまっている。

鼠色に沈む日本海上の朝焼けに翼を広げて大根島から舞い上がるタコ――いや、赤鱏にも見える――をくわえた大鷲は、突然、差し込む真っ赤な朝陽に撃たれ、その場で焼かれる。一瞬、大鷲は音もなく一羽の赤い鳥に変貌する。そう、タコでなく赤鱏をくわえる真っ赤な一羽の火の鳥に。

赤く染まる情景を思い描き続ける。ふと、思った、取り憑かれてしまっている、と。たしかに、憑かれているのは私のほうだ、赤鱏に、大鷲に。そう、一羽の赤い火の鳥に……。

火の鳥の赤い目がこちらに狙いを定めている。追いつめ捕縛しようとしているのは、私ではないのかもしれない。火の鳥のほうかもしれない……。

なぜ『銀河鉄道の夜』続篇を創作するのか？

なぜ『銀河鉄道の夜』続篇を創作するのか。

『銀河鉄道の夜』は、作者宮沢賢治が亡くなる昭和八年までの十年間、繰り返し書き直された。現在残されている最終稿にしてもそれは決定稿ではなく、賢治が生きていれば、その後にも加筆や訂正が行われたはずの未定稿と考えられている。

『銀河鉄道の夜』は死後出版された未完の童話だが、多くのすぐれた童話と同様、その枠を超えるような傑作だ。大正時代に全盛を迎えた私小説には見られなかったような、社会への問いかけが含まれた、斬新な詩情に富む作品だ。私小説では多くの場合、ウエットな風土において作家個人の私性が執拗に凝視されたが、昭和に入ると、そうした狭い殻は打ち破られ、新しい創作の時代が到来し、多くの傑作が生まれる。『銀河鉄道の夜』は、こうした昭和初期の文芸興隆期の作品のひとつだ。

沈痛な美しい闇も描かれるが、物語の舞台ははるかな銀河へ、天空へと膨らみ、銀河を旅するふたりの少年の周囲で繰り広げられる物語には多くの魅力が秘められている。暗黒星雲も現れ、時には神秘的にもなるし、少年がおぼえる孤独も喪失感も描かれるが、星々は実在感に富み、そこに宿る生命感はわれわれ読者を新しいファンタジー、幻想の世界へと連れ出してくれる。同時にこの童話には生や死や社会活動といった大きな問題も実ははらまれていて、この童話は豊かな深みを得ている。

しかし、この傑作には展開がなめらかに進まない箇所が何カ所かあり、このため読者はある当惑をおぼえることになることは指摘したい。

カムパネルラとジョバンニは学校の同級生だが、カムパネルラのほうが精神的には成熟していて、示唆し暗示するようなやり方でジョバンニに多くのことを教え、彼を導こうとする。銀河のことをジョバンニに教えたのはカムパネルラだし、級友たちから仲間はずれにされるジョバンニのことをなにかと気遣うのもカムパネルラだ。

しかし、カムパネルラは銀河鉄道の白鳥の停車場で、「白鳥を見るなら、ほんとうにすきだ」と言い、その白鳥地区の野原の美しさをジョバンニに教えるものの、その理由をカムパネルラは言わないままだ。

カムパネルラは直後に突然銀河鉄道の車内から姿を消すが、その失踪直前にはるか彼方の野原――おそらく白鳥地区の野原――を眺めながら、何かを「決心」したかのような態度で謎めいたことをジョバンニに語る――「みんな集ってるねえ。あそこがほんとうの天上なんだ。あっあすこにいるのはぼくのお母さんだよ」。

ジョバンニはその内容が理解できないが、何かしら重大なことを口にするかのような真剣なカムパネルラの態度にけおされ、彼に「どこまでもどこまでも」ついてゆこうと心に決める。どうしてカムパネルラは、これほどまでに執拗に白鳥地区の広場の美しさに執着するのだろうか。しかし、その理由はついに語られない。

伏線が回収されずに、萌芽のまま取り残されていると思われる箇所がもうひとつある。小説末尾である。

カムパネルラが溺れかけた友人を救うものの、自らは川で水死する最後の場面にしても、話は驚くような急展開を見せる。親友カムパネルラとの死別の現場を前にしても、ジョバンニは悲しみにかきくれてただその場に立ちつくすわけではない。ジョバンニは、意外にも、自己犠牲を遂げたカムパネルラがそのままただちに転生して、銀河のほとりでまだ生き続けていると思う。カムパネルラの死ではなく、転生して天の川にのぼった新たなカムパネルラのほうをすでに思い浮かべる。そのとき、周囲の人もジョバンニに「水死」とは告げない、「カムパネルラが川にはひったよ」と告げている。川は銀河のように見え、死よりも転生のほうが前景化される――「ジョバンニはそのカムパネルラはもうあの銀河のはずれにしかいなゐといふ気がしてしかたなかったのです」。

ジョバンニに起きたこの大きな心境の変化についての説明は書かれていない。ファンタジーを織りなす賢治は、登場人物の心理をあまり分析しない作家だ。でも、地上での死から場面は突然変わり、銀河での転生に話は切り替わるのだ、何らかの説明のような記述があってもおかしくないはずだ。賢治は、カムパネルラの転生については、いずれ加筆によって説明を書き足そうと考えていたのではないだろうか。

また、作品の結末においては、ジョバンニは病気のおっかさんの滋養のために探していた牛乳を首尾よく手に入れ、牛乳を家に持って帰る。現行版では、その直後に作品は次の文で唐突に終わる――ジョバンニは「一目散に河原を街の方へ走り出しました」。

つまり、親友の溺死という大事件にもかかわらず、親友の転生を天の川に確かめると、現場を離れて家にすぐに帰り、そこで北方への漁のために長く不在だった父親の久しぶりの帰宅を知り、母親と家にとどまって小さな慰安に浸ろうとするのかと思いきや、最後にジョバンニは家から不意にふたたび外へ走り出してしまう。まるでこれから何か大きなことがさらに起きるかのような所で作品は終わっている。いくつかの短いエピソードだけが立て続けに並べられているばかりで、急激ないくつかの場面転換を無理なくつなぎ合わす大きな流れが十分には感じ取ることができない状態になっている。

いったいどうして川で水死したばかりのカムパネルラが生き返って銀河にのぼったのだろうか。なぜ、突然家族の団欒がふたたび構成されたのだろうか。なぜ、ジョバンニはその地上のハッピーエンド風の家を飛び出して、何かに駆り立てられるようにまた外に走り出て、町のほうに向かったのだろうか。

賢治がもう少し長生きしていたら、このあわただしい場面転換の箇所に、読者を納得させるような何らかの加筆を行い、展開をより自然なものにしたのではないか。そんな想像が脳裏をかすめる。

浅学非才を顧みずに、私なりの『銀河鉄道の夜』続篇を創作「イーハトーヴのほうへ」と題して創作するのは、こうして萌芽のまま取り残されているエピソードに加筆を行ない、賢治が構想していたと思われる姿に萌芽を育ててみたいからだ。

私としては次のような大筋で続篇を構想してみたい――最後に家から飛び出たジョバンニは、溺死後に転生して銀河にのぼったカムパネルラを追いかけて、自らも地上から離陸し、銀河へふたたびのぼったのではないだろうか。カムパネルラに「どこまでもどこまでも」ついてゆく、とジョバンニは銀河鉄道の車内で誓ったのだ。

大胆な想定だが、私はカムパネルラと銀河において再会しようとする、ジョバンニ単独行の旅を「イーハトーヴのほうへ」と題して以下に描いてみたい。なお、イーハトーヴは、賢治によれば、岩手をもじった理想郷のことだ。カムパネルラは、銀河鉄道の車内で出会った土地の人びとと一緒になって、銀河のほとりの白鳥地区イーハトーヴで働いているように思えるのだ。

そして、現行版では伏線のまま回収されることなく未完の、萌芽の状態で放置されている白鳥停車場周辺の美しい野原にもっと記述を加え、さらに大きな文脈の中に入れて魅力に富むものにしたい。転生したカムパネルラがもうすでに野原で率先して働いていると思われるのだ。そこに、地上から旅を続けたジョバンニがようやく合流する。根源的な母性を思わせ、また豊かな収穫が予感される白鳥停車場周辺の広場は、作品の核に育つはずだったと私には思われてならない。

こうした独自の「続篇」を構想するとき、賢治のいくつかの先行作品がヒントを与えてくれた。『薤露青』、『マリヴロンと少女』だけでなく、『銀河鉄道の夜』と類似点があるとされる三篇の長篇童話『ポラーノの広場』、『風の又三郎』、『グスコンブドリの伝記』などだ。そこにはカムパネルラの溺死後に展開されるはずだった後日談がすでに暗示されていると私は考える。現行版『銀河鉄道の夜』に未完の断片のように取り残されている輝かしい白鳥停車場の野原にしても、『グスコンブドリの伝記』における「イーハトーヴ」のような豊かな場としてさらに加筆されるはずの共同体の場だったのではないだろうか。ブドリの自己犠牲によって凶作からまもられた「イーハトーヴ」と同様に、白鳥停車場の野原も、転生したカムパネルラによって、また彼に合流するジョバンニによって、また銀河のほとりに生きる人びとの活動によってさらに活性化されるはずだったのではないだろうか。
少年キューストが口笛を吹きながら作詞作曲した楽譜『ポラーノの広場』が、同名の作品の最後に引用されているが、その数行を引用したい。

まさしきねがひに　いさかふとも
銀河のかなたに　ともにわらひ
なべてのなやみを　たきゞともしつゝ
はえある世界を　ともにつくらん

賢治は昭和初期に盛り上がった農民運動や産業組合運動といった実践的な社会運動に共鳴し、実際に農民の生活への関心を深めるが、農作業の経験のない賢治は病にも冒され、現実において共同生活を組織することは断念せざるをえなくなる。しかし、地上の現実とは異なる銀河という天空において、賢治はもうひとつの、やはり共同体のような場を——カムパネルラと手を携えながら白鳥停車場の野原において——作り上げようとしたのだと思われる。

その社会的背景として、当時の地方文化の知的文化的向上を挙げることができるだろう。昭和初期にはすでに地方に設置されていた旧制高校に続き、商業高校や工業高校が次々に新設された。また、大正十四年に開始されたラジオ放送は全国にリアルタイムで全国中等野球大会（現在のいわゆる「甲子園大会」）の放送も始めていた。それ以前には厳然として存在していた帝都東京と地方とのあいだの知的文化的格差は相対化され、昭和十年代は「一種の地方の時代」ともなっていた（亀井秀雄「都市と記号の時代」『講座昭和文学史1』所収）。

白鳥停車場の広場のすぐそばには石炭袋と呼ばれる暗黒星雲が死の孔となって顔を覗かせ、すべてを飲み込もうとしている。「どほん」と、巨大な口を大きくあけている。賢治の周囲では死がいつも辺りをうかがっている。

しかし、そのそばでも、「みじんに散らばる」星々が生を宿す。賢治はそれらにも名を付ける。名付けられたことに応えるようにして、「あおいめだま」や「あかいめだま」の星も光り出す。「すぎなの胞子」と呼ばれる星も光る。今晩は星祭りの最後の夜だ。お祭りのにぎやかさは、星々に生を与え、土地の記憶も呼び醒ます。

現行版『銀河鉄道の夜』は九章から成り、それらは第一章から順に次のように題されている。1午后の授業、2活版所、3家、4ケンタウルス祭の夜、5天気輪の柱、6銀河ステーション、7北十字とプリオシン海岸、8鳥を捕る人、9ジョバンニの切符。

これらの現行版の九章に、あえて想像上の第十章を設け、そこで続篇「イーハトーヴのほうへ」を創作したい。目立たない萌芽のままとなっている、しかし重要なテーマに育つはずだった断片に新たな息吹を吹き込みたい。諸家の論考からも想を得て恣意的なものにならないようにして、以下に『銀河鉄道の夜』を独自の形に増幅し展開させてみたい。

創作「イーハトーヴのほうへ」(『銀河鉄道の夜』続篇)

カムパネルラは銀河のほとりでまだ生きているのです。カムパネルラはいつもそうして少し遠くから振り返るようにしてジョバンニを導いてきたし、何かとジョバンニのことを気遣ってくれたのです。

ジョバンニはもう何も云うことができず、家を飛び出し、町のほうへ走りました。そこに立っていた天気輪の柱めがけてです。この前は、その柱を登って銀河鉄道に乗りこんだからです。でも今度は、陽はすでに沈んでいて、太陽柱は現れません。いくら待っても待っても、銀河鉄道の汽車はやってきません。

しびれを切らしたジョバンニは、今度はみんなが海岸と呼ぶ川の河岸のほうに向かって走り出しました。

家で病気のために寝ているおっかさんには牛乳を届けることができたし、漁師のおとっつぁんも北方へ漁に出て長いあいだ留守だったけれど、ようやく家に帰ってくる。でも、今は家のことよりも、川から銀河のほとりに昇ったカムパネルラのことのほうが気になって仕方がありません。彼に追いつこう、銀河にいる彼に会いたい。銀河鉄道の旅はまだ続いているのだ。

川の「海岸」は命を育む場所で、そこには多くの生物が生きているはずです。泥岩層に見つかるクルミの実には、まだ始原の生が宿っていて、生きているものもあるはずです。この生き物が棲む海岸を、ジョバンニとカムパネルラは裸足で踏みしめるように歩いたのです。

夏のこの時期、川の川面に天の川がその姿を映し出しています。天の川は川と重なり一体となっていました。不意にどうと風が吹き上がり、川の流れが上流のほうへ青白く逆流し始め、波立ちさかのぼり始めます。栗でしょうかブナでしょうか、あたりは急にざわざわと鳴り揺らぎはじめました。

その時です、川面に映っていた天の川が、川面から身をふりほどき、身をもたげ竜のようになって立ち上がりました。天の川は、突然上空へとまっすぐ舞い上がりました。

川面には、ホタルの群れが乱舞していたので、ジョバンニは錯覚して、舞い上がるホタルの群れの光を、川面から上昇する天の川だと見誤ってしまったのかもしれません。でも、確かに、川面に映り込み静かだった天の川は、一気に滝のような水流となり上空めがけて駆け上ります。滝が逆流します。

さらに、不思議なことが起きました。

この海岸には無数のわたり鳥が飛来しますが、突然、一羽のコハクチョウが川岸のクルミをくわえたまま、川面から勢いよく舞い上がり、上空へと吸い上げられました。ジョバンニには、そのコハクチョウが、カムパネルラの魂をくわえて舞い上がったように見えました。白い鳥は人の魂をくわえて舞い上がるという言い伝えがあることをジョバンニは知ってはいましたが……。

天の川は映り込んでいた川面から身をふりほどき、川面から立ち上がりました。上昇気流が周囲に浮力を与え、それにつられるようにして、一羽のコハクチョウが一気に上空へと舞い上がります。

その竜巻のような動きはもう逆らうことのできないものとなり、あたり一面は巻き上がるすごい勢いになり、ついにはジョバンニ自身も旋風に巻き込まれます。空に向かって一気に吸い上げられたジョバンニの全身は強く揺すられます。自分は不意にコハクチョウという鳥になって空に舞い上がっている、青黒く透き通った冷たい光に自分は包まれているとだけ感じます。親友カムパネルラの水死という悲しみの現場から離れ、ひたすら上昇を始めました。

さらに上空にまで上昇したのでしょうか、遠くに星くずが集まっていて、それが山の雪嶺のように輝きます。いつのまにかコハクチョウに変身したジョバンニは、星雲に囲まれます。とても遠くから星が近づいてきては、キインキインと聞いたこともない音をたてながら斜めにかすめます。銀河を渡る舟の櫂のしずくなのか、光が束となって降ってきて、ジョバンニは光のシャワーを浴びます。流星群の中に迷い込みますが、東に西に北へ南へと飛ぶ向きを変えては星との衝突を避けます。もう、上下だとか方位だとか地軸だとか、そういった尺度などは役に立ちません。ただ天空の中を漂うように上昇します。地図や高度計など役に立ちません。上昇しているということだけが感じられます。

上空で深い淋しさにとらわれます。あたりには誰もいません。天空のどこに連れていかれるのだろう。深い沈黙の中で自分の息をする音だけが聞こえます。でも、ジョバンニは気持ちを奮い立たせます。銀河のどこかにカムパネルラがいるはずだ、いや、いてほしいという願いがジョバンニを励まし駆り立てます。いつもは表側しか見せない月が、その裏側まで姿をさらしています。はるか下のほうで、稲妻がツンツンと点滅しています。でもいったい、コハクチョウとなって舞い上げられた自分は、天空のどこに行けばよいのだろう。

風音に混じってかすかなハマナスの香りも届けられますが、どこかで聞いた声が近づいてきます。

いまこそわたれわたり鳥
いまこそわたれわたり鳥

銀河鉄道に乗って旅をした時も、天の川のほとりで赤帽の信号手が青い旗を振りながら、同じ歌を幾組ものわたり鳥に叫んでいました。

信号手は、天の川流域に飛来するわたり鳥にエサがうまく行き渡るように、あれこれ工夫をこらしていました。渡り鳥たちの交通整理をする信号手という人が流域にいても不思議ではないのです。なにしろ秋から冬にかけて、流域にはオオハクチョウが二百羽も、コハクチョウが百二十羽も飛来するのです。

赤帽信号手は、銀河に小舟を入れ、川筋に杭を列状に打ち込み、その杭の列に灯りを点灯させながら、渡り鳥たちに指示を与えています。この声は自分を導いてくれる声だ、とジョバンニは思いました。道しるべのように輝く杭の列をたどり、自分たちコハクチョウのために割り当てられた星入り水場に水脈を引くようにして着水することができました。コハクチョウの群れからは鳴き声が上がります。

銀河に沿って飛び続けると、苹果や野茨の匂いが追いかけてくるように漂ってきます。汽車のレールの両側に広がる農地を上から見渡していると、銀河鉄道で乗り合わした鳥捕りが、河原で働いているのが目に留まりました。商店を構え、捕まえた鳥を保存食にして、通りかかる町の人たちに売っています。商店から、鳥を保存食にするための機械のゴトンゴトンという音が聞こえてきます。

「寄ってらっしゃい！　栄養満点だよ！」

自分の商店の屋号を染め抜いた法被を羽織っています。鳥捕りの大将が鳥を捕まえていたのは、奇妙な暇つぶしなどではなかったのです。銀河鉄道に乗りこんできたときは、どこか不思議な人だと思い込み、鳥捕りの饒舌を半信半疑で聞いたことを思い出し、ジョバンニはそのときの思い込みを悔やみました。土地の気のいい働き者の鳥捕り大将が銀河鉄道の車内で遠来の乗客たちに勧めていた食べ物は、お菓子などではなく、実は地方の重要なタンパク源だったのです。

それに鳥捕りは車内でジョバンニの切符を見ながら、「切符」と云わずに、もっと有効区域の広い「通行券」と云ってくれました。ジョバンニの銀河への今回の二度目の旅が自由に飛び回る旅になることを密かに予告し、また励ましてくれてもいたのです。

「おや、こいつは大したもんですぜ。どこでも勝手に行ける通行券です。こいつをお持ちになりゃあ、いろんな所まで行けます。こんな銀河鉄道なんか使うよりも、もっとどこまでも行ける筈でさあ。大したもんです」。鳥捕りの大将は、鉄道切符が、実はどこにでも何度でも行けることを保証する通行手形であることを請けあってくれたのです。ジョバンニは、銀河鉄道の車内でカムパネルラとばかり話し、あまり鳥捕りと話さなかったことを悔やみました。

あかいめだまの　さそり
ひろげた鷲の　つばさ
あをいめだまの　子いぬ

星めぐりの歌が聞こえてきました。風に運ばれてきて、切れ切れになっていました。ジョバンニはその透明な声の歌をたがいにつなぎ合わせようとします。ふた子の星が向かい合い、銀笛を吹き交わします。ひとつの星が、虹を飛ばして遊ぼう、ともうひとつの星にもちかけます。そのうちにジョバンニも誘われて、その歌と遊びの輪に加わります。

星は物質の塊ですが、歌を作ってはそれを歌うし、他のいろんな物とも交信します。生きているとは見えない物の奥にも、歌が、命が潜んでいる。それに、この前に乗った銀河鉄道の蒸気機関車だって、煙突から火の粉を夜空に撒き散らしながら、『新世界交響曲』を周囲の千億もの星々に響かせていました。その長い全長を震わせて音楽を奏でていました。

ジョバンニは楽しくなって、歌を聞くだけでなく曲を身体でもって表現しようとします。まわりの動きに合わせた動きが、身体の奥から自然に湧いてきます。心にもはずみがつきます。

ジョバンニは思い出しました。銀河鉄道の車中でもカムパネルラがこれと同じ曲を口笛で歌ってくれた。アルバイトのために銀河星祭りに参加することができなかったジョバンニのために、カムパネルラは星祭りの楽しい音楽を口笛で吹いて聞かせてくれた。今もこうして銀河のどこかにいるカムパネルラは、ふたつの星に歌を歌わせているのだ。きっと、そうして自分の居所を僕に探らせているのだ。カムパネルラは遠くない所に隠れているのだ。

「おほぉっ、おほぉっ」、奇妙な声が応えます。奇妙な……、でもそれは自分の身体から聞こえてきます。声変わりの時期特有の変な声などではありません。そうでした、ジョバンニはコハクチョウに変身しているのです。

とたんにジョバンニはカムパネルラに会えない淋しさに胸を締めつけられます。星めぐりの歌の調子が快活なものだっただけに、ふたたび襲ってきた悲しみは強烈なもので、ジョバンニの心は強く締めつけられます。

川で友達を救おうとして水死したカムパネルラの姿が目に焼きついて離れず、深い悲しみにとらわれます。でも、ジョバンニは気持ちを強くもって銀河上空を飛び続けます。カムパネルラは、きっときっと銀河で生き返っているのだ。

なんといっても鳥捕りの大将が、銀河鉄道の切符がどこまでも飛んで行ける通行手形であることを請けあってくれたのです。この通行券をくわえたまま飛び続ければ、銀河のほとりで生きているカムパネルラを見つけ出せるはずだ。ジョバンニは羽を懸命にはばたかせます。それに自分は銀河鉄道沿線地帯を上空から鳥瞰することができるのだ。

大きく旋回して、ふたご座の所に来ました。「ふたご座は船の航行を守ってくれる、船が嵐に遭うと、嵐をしずめる火を送ってくれる」、とカムパネルラは、以前彼の家に遊びに行った時に教えてくれました。

そのとき、カムパネルラは家の奥から一枚の絵の複製を取り出してきて、「これは僕の好きな絵なんだ」と言って、それをジョバンニに見せてくれました。ゴッホの『星月夜』でした。

「なんだか、見る人によっては、とってもこわい絵だと言う人もいるけど……」

大きく描かれた夜空が青暗くうねる渦となり、星々がその中に吸い込まれてゆくように見えて、確かに不気味な絵でした。ふだんは直立したまま動かない糸杉も、餌を探すイソギンチャクのようにゆらぎ、黒くて不吉なものでした。

「でも」、とカムパネルラは語り始めました、「僕は、青黒い渦に飲み込まれまいとして光を放つ星々や、絵の下に広がるゴッホの故郷の寒村に光る小さな窓がとても好きなんだ。すべてを吸い込もうとしている暗い夜空の、青黒い渦巻きを前にして、斑点のような星や窓はそこで温かい生活の光――こわれそうな光――を精一杯放っている。自分たちに迫ってくる消滅にあらがい、自分たちの生活の灯りを保とうとしている。夜空の底知れない渦の中に取り囲まれても、小さな星や寒村の窓たちは、その荒い黄色の斑点だけで闇の中に輝こうとしている」。ジョバンニには黄色の斑点が鼓動するように見えてきました。

カムパネルラは続けます、「それに、もう少しで朝なんだ。この時ゴッホは東のほうを向いていて、朝日が上るのを待っていたんだ。ゴッホが描いた大きな星は、明けの明星と呼ばれる金星で、日の出を告げている。その星をゴッホはとても大きく、好きな黄

ゴッホ「星月夜」のアニメーション
URL:https://www.youtube.com/watch?v=6PndwgJuF3g

色で描いている」。

ゴッホは画家ゴーガンたち画家仲間を集めて、共同制作に励もうとして南仏アルルに黄色い家を借りる。その黄色の家のベッドも、ひまわりも、ゴッホは穏やかな生活の憩いを表す黄色を分厚く使って描いてゆく。『黄色い家』と題された絵には、画家仲間を乗せたと思われる蒸気機関車まで描かれている。黄色い家に首都パリからの汽車が直接到着するように描かれている。

ゴーガンだけがひとりだけ黄色い家にようやくやって来る。けれど、結局ふたりは衝突する。激昂したゴーガンが黄色い家から逃げ出しパリに帰ろうとすると、共同制作の夢を壊されたと思い込んだゴッホのほうは、精神のバランスを狂わせ、錯乱する。カミソリを持ち出してきて、自分の耳をひとつ切り落とす。

黄色い家での芸術家コロニー建設の夢などは空中分解する。いっさいが、砕け散る。これですべては終わった、ゴッホも終わった、と言う人は多い。

カムパネルラは言います、「でも、僕にはそうは見えない。だってこの事件の後に描かれたこの絵『星月夜』を、もう一度よく見てごらん。星も寒村の窓も小さくて、暗黒の巨大な渦に取り囲まれ、溶かされ飲み込まれてしまいそうだ。星や窓はみじんに散らばるばかりだけど、実は懸命に生活の黄色を光らせ続けている。黄色は荒いタッチでしかないし、破片でしかない。だけど、実はとてもたくましく光り、まだ生き続けている」。

「この星や窓の黄色は、芸術家コロニーの夢が砕け散ったあとの、あたりに飛び散った黄色い家の破片なんだ。残骸でしかない。でも、ゴッホはあきらめない。ゴッホは、破片となってしまった黄色い家を必死にまた集め直そう、拾い直そうとしている。荒いけど、黄色の斑点は、残された共同生活のしるしとなって輝き続けている」。カムパネルラの話に、ジョバンニはただ黙って聞き入るばかりでした。同級生だった少年カムパネルラが今やすっかり青年に脱皮しようとしていることに気づき、ジョバンニはまるでまぶしいものを前にする時のように彼を見つめ直しました。

ふたご座の所にまで来ると、銀河の彼方に大きな白鳥座が生気を吹き込まれて浮き上がりました。ふたご座と白鳥座は、学校で先生が云ったように、天の川という「巨きな乳の流れ」によってつながっています。

星々は孤立していたわけではなく、天の川に沿って互いにつながり、町が描き出されていました。さらには町はいくつか連なり、流域という生活圏を形作っていました。

大きく翼を広げ、白鳥座は南へ南へと向かいます。白鳥座の大きさにジョバンニは思わず息をのみました。夏の夜の主役は、なんといっても白鳥座です。

オオハクチョウが星座となって描き出され、その背中には美しい野原が広がり、目に迫

ってきます。ジョバンニはその背中に舞い降りようとして、白鳥座に必死になってさらに近づきます

銀河鉄道に乗っていて白鳥の停車場に近づいたとき、車窓から外を眺めていたカムパネルラの目が突然輝き、「白鳥を見るなら、ほんとうにすきだ」と云ったことが思い出されました。白鳥停車場での二十分の停車時間を利用して下車し、駅を出て水晶細工のような銀杏で囲まれた野原をカムパネルラとジョバンニは連れ立って歩き回りました。夢のような楽しい時間でした。白鳥座の中心に広がる野原には、林や牧場や苹果や三角標や四辺形のものがさまざまに集まっていて、その辺りがボーッと光ります。月長石に刻まれたような紫のりんどうが、時折ツァリンと音を立てて花を咲かせます。野茨が神秘的な匂いを放っていました。

見回すと、白鳥の背に乗る野原には銀河鉄道の車内で出会ったことのある人たちが大勢集まっています——鳥捕りの大将、赤帽信号手、燈台看守、そしてカムパネルラも。彼が川から救い出した級友ザネリやそのおっかさんも。野原に集まったみんなは銀河沿いという流域の古い知り合いのようです。銀河鉄道だけでなく、天の川も生活の大動脈として利用し、川に舟を浮かべては互いを行き来していました。みんなは野原でなにやら楽しげに話し合っています。そうです、今夜は、銀河祭りの最後の夜なのです。

カムパネルラも親しげな様子でみんなと話していています。種袋を首から胸に吊していて、畑での種蒔きを終えたところのようでした。背中がピンと伸びていて、決断を下す大人のような雰囲気をあたりに漂わせています。カムパネルラはいつのまにか脱皮していて、強さを身につけている。

大きな鳥が羽をはばたかせる時に起きる風が繰り返し吹きつけてきます。その勢いに煽られ、追いつこうと急ぐジョバンニは裏返され、吹き飛ばされそうになります。それでも、みんなが集まる白鳥座に懸命に近づきます。

コォーッという鳴き声が響きました。闇に目をこらすと、静止画像のように闇夜に貼付けられてきた星座が、そこから身をほどき、畳まれていた翼を左右に押し広げしなやかにはばたかせています。天体に潜んでいた無数の微光がその翼を白く染めてゆき、翼は燐光を放ちます。輪郭ははっきりとはしません。でも、みんなが集まっている野原が、南へ向かう一羽の巨きな鳥の背中にそのまま乗って銀河を滑ってゆきます。深く低い息遣いがとても長い生のリズムを刻みます。

カムパネルラが銀河鉄道の車内から突然身を消す直前に云った最後の言葉の意味が、ジョバンニにはようやくわかってきました。汽車がサウザンクロス駅を後にして旅も終わろうとしていたとき、カムパネルラは銀河鉄道の旅の印象をまとめるように、はるか彼方に去ってゆく白鳥停車場の野原を思い出してこう云いました、「あゝ、あすこの野原はなんてきれいだろう、みんな集まっているねえ。あすこがほんとうの天上なんだ。あゝ、あすこにゐるの僕のお母さんだよ」。

そのとき、カムパネルラは何かを決心した様子になりました。そして、いつもとは違い、カムパネルラは「おっかさん」ではなく、「お母さん」という言葉を使いました。ふだんは、ジョバンニも母親を「おっかさん」と呼びます。でも、カムパネルラがこの時だけ口にした「お母さん」とは、いったい誰のことだろう。

ジョバンニは考えました――カムパネルラの云うこの「お母さん」とは、野原に生を吹きこむ母性、命に命を受け継ぐ根源としての母性のことではないだろうか、と。代がかわっても誕生をもたらすお母さんのことではないだろうか、と。

きっとカムパネルラも、オオハクチョウの背中にみんなが集まることができる共同の場を切り拓き耕そうとしているのだ。ゴッホの絵『星月夜』を見せてくれたのも、生が生みつがれてゆく場を作ろうとする彼の夢を僕に話してくれるためだったんだ。その野原の開拓が可能になるのなら、たとえ自分がおぼれかける友人を救おうとして犠牲になり、気圏にみじんとなって飛び散ってしまうとしてもかまわない。そうした心に秘めた決意をカムパネルラは、ゴッホの『星月夜』の絵を見せながら、僕に話してくれたのだ、きっと。

生の野原の近くに死の孔である石炭袋が大きく深く、どほんと顔のない口を開けています。白鳥座の真ん中近くで暗黒星雲の孔が何かを飲み込もうとしています。その渦巻く黒い孔から離れていない野原の畑で、カムパネルラが大きな黄色い太陽を背にして歩きながら種をまいています。

野原を背負うオオハクチョウにさらに近づきます。見え隠れしていたカムパネルラの姿がいよいよはっきりと目に映ります。

ふと、こちらを振り返りました。

「カムパネルラッ、カムパネルラッ」。

必死になって何度も大声で、ジョバンニは叫びます。自分でも驚くような大きな声でした。

その叫び声で、長い夢想からジョバンニは目をさまし、我に帰りました。自分はまだ川の海岸にいて、そこで拾った生のしるしをとどめるクルミの実をまだ握りしめ続けている。自分はまだ地上にいる……。

夜空に広がる星座を見上げてみると、南へ南へと向かう白鳥座のクチバシのところに美しい二重星がまたたいています。目もさめるような黄玉と青宝色の二重星がはっきり見えます。この二重星はきっとカムパネルラと自分なのだ、そうなのに違いない、とジョバンニは思います。

しばらくすると、ジョバンニには、その二重星が銀河で交わしている声が聞こえてきました。二重星は、オオハクチョウの背中に広がる野原のこれからの開墾の仕方などについてあれこれ話し合っています。銀河という彼方で交わされる会話の声でしたが、とてもはっきりと聞こえてきます。

銀河祭りが終わる夜に白鳥座にいたカムパネルラにようやく追いついて興奮気味のジョバンニは、もう夢中になってカムパネルラに話しかけています――「ぼくたち、ここで地上よりもいゝとこをこさえなくちゃいけないって、僕の先生が云ってたよ」。

遠くの地上から息を切らして勢いよく追いついたジョバンニは突然、準備して暗記までしたことを口をとがらせながら懸命に語りかけます。

そんな教科書の文章を暗記したような発言にたいして、カムパネルラはちょっと驚いてから、苦笑いのような笑いを口元に浮かべます。ジョバンニは、カムパネルラの言葉に比べたら、自分の言葉なんかまだまだなんだかとても軽い、まだクチバシは黄色いと思います。でも、話したくて止められません。カムパネルラに会えてとても嬉しくて仕方がないのです。

オオハクチョウも、自分の脇のところを並んで飛翔するカムパネルラと顔を見合わせ、笑ったように見えます。

コウコウ、とオオハクチョウが鳴きます。その声は四方八方に、上下左右にどこまでも、いつまでも銀河のほとりに響き渡ります。

オオハクチョウも、息を切らせて地上から合流してきたジョバンニに、きっと何か言って応えてみたくなったのです。

【著者略歴】

牛場暁夫（うしば・あきお）

1946年生まれ。慶應義塾大学文学研究科博士課程中退。フランス政府給費留学生としてエコール・ノルマル・シューペリウール、パリ第四大学大学院に留学。パリ第四大学課程博士。慶應義塾大学文学部名誉教授。

・著作に『マルセル・プルースト「失われた時を求めて」交響する小説』（慶應義塾大学出版、2011年）。『フランス文学をひらく　テーマ・技法・制度』（共著、慶応義塾大学出版、2010年）など。

・翻訳に『マルセル・プルースト全集』（共訳、筑摩書房、1984－99年）。ジャン＝イヴ・タディエ『20世紀の小説』（共訳、大修館書店、1995年）。『ジャン・コクトー全集』（共訳、東京創元社、1982年）など。論文他については　ウィキペディアなどを参照されたい。

受容から創造へ
文学・芸術に導かれて

2024年10月 5 日第1刷印刷
2024年10月15日第1刷発行

著　者　牛場暁夫

発行者　青木誠也
発行所　株式会社作品社
〒102-0072　東京都千代田区飯田橋 2-7-4
Tel 03-3262-9753 Fax 03-3262-9757
https://www.sakuhinsha.com
振替口座 00160-3-27183

装　幀　伊勢功治
本文組版　有限会社閏月社
印刷・製本　シナノ印刷(株)

Printed in Japan

ISBN978-4-86793-050-2 C0095